Was Menschsein kostet

Geist und Leben

Studien zur Verwirklichung
der christlichen Botschaft
herausgegeben von
Otto Knoch und Friedrich Wulf

Corona Bamberg

Was Menschsein kostet

Aus der Erfahrung des
frühchristlichen Mönchtums
gedeutet

In den Verlagen
Echter
Katholisches Bibelwerk

Nihil obstat, Tholey, die 26 Aprilis 1971
Petrus Borne, Abbas Praeses Congreg. Beuron. OSB
Gesamtherstellung: Fränkische Gesellschaftsdruckerei Würzburg
Umschlag: Christoph Albrecht
ISBN 3 429 002060 Echter
4. Auflage

Inhalt

Zur Einführung

1. Ob ein geistliches Buch, das sich am frühchristlichen Mönchtum orientiert, in unserer Zeit auf eine große Leserschaft hoffen darf? Das wird sich mancher fragen, auch wenn ihn der Titel aufhorchen lassen sollte. Wo also ist der »Sitz im Leben« für dieses Buch, von woher erhielt es seinen Anstoß? Natürlich, eine Benediktinerin hat es geschrieben; was liegt näher, als daß sie sich mit dem geistlichen Klima auseinandersetzt, in dem sie aufgewachsen ist und täglich lebt. Aber entscheidend ist der Zeitpunkt, an dem das Buch entstand. Daraus ergibt sich seine besondere Intention. Die monastischen Orden bekommen die Krise, in der Religion und Christentum sich heute befinden, in mancher Hinsicht stärker zu spüren als andere Institutionen und Gruppen in der Kirche. Die Kluft zwischen ihrer Tradition und der Gegenwart ist besonders groß. Sie müssen sich fragen: Was ist mit unserem Erbe? Können wir es noch in die Gegenwart einbringen? Oder gehört es zu den gewiß großen Werten der Vergangenheit, die man als Kenner bewundern kann, die aber für den »Gebrauch« in einer bestürzend schnell sich verändernden Welt so nicht mehr tauglich sind? Aber – wenn sie so fragen, tun sie es nicht nur für sich allein, sondern für uns alle. Denn die ganze geistliche Überlieferung der Kirche, bis in die Neuzeit hinein, baut auf dem Schrifttum und den Erfahrungen des frühen Mönchtums auf. Sie waren grundlegend für alle kommende Zeit, auch wenn sie nicht auf alles, was im Laufe der Jahrhunderte hinzu kam, auf Grund neuer Verhältnisse, Erkenntnisse und Aufgaben, eine vollgültige Antwort geben konnten. Bei aller – übrigens großartigen – Einseitigkeit, die ihnen von ihrem Ursprung her eigen war, erwiesen sie sich von einer erstaunlichen Lebenskraft und Wandlungsfähigkeit. Zeichen ihrer Unüberholbarkeit in der Tiefe? Wir haben hier einen Testfall vor uns, ob es der

Kirche von heute noch gelingt, ihre vom Geist Gottes gewirkte Überlieferung in eine neue Zeit zu integrieren. Wo das nicht mehr gelänge – und man muß es bisweilen befürchten –, da würde der Christ aus seiner geschichtlichen Verwurzelung herausgerissen, ortlos, drohte er den schnell wechselnden Meinungen zu verfallen, fehlte seinem Tun der Hintergrund: es würde wie das meiste rasch wieder bedeutungslos werden. Die Frage, um die es in diesem Buch also geht, ist nicht nur eine Frage der Mönche und Nonnen, sondern der Kirche, der Christen, unsere eigene Frage, und zwar eine ganz entscheidende.

2. Wie aber läßt sich eine Tradition, die die Spuren ihres Alters nicht verbergen kann, für den Menschen von heute als mit Leben erfüllt nachweisen? Wie lassen sich alte Worte, die nicht mehr unserem Sprachgebrauch entsprechen, die aus einer ganz anderen Vorstellungswelt kommen, neu sagen, so sagen, daß die ursprünglich gemeinte Sache – etwas Unaufgebbares, wie wir meinen – neu zum Vorschein kommt, neu vernommen wird? Meist wird darauf gesagt, man müsse das Zeitbedingte des monastischen Ideals – Anschauungen und Einrichtungen, die in ganz bestimmten geschichtlichen Situationen ihren Ursprung haben – vom Wesentlichen, vom Kern unterscheiden. Aber das ist Theorie, abstraktes Denken, das nur zu Täuschungen führt, weil es schon von festen Meinungen auszugehen pflegt. Das Wesen, der Kern einer geschichtlich gewordenen Wirklichkeit ist immer nur in ihrer konkreten, leibhaft gewordenen Gestalt zu erfassen. Beides ist voneinander nicht zu trennen. Soll darum das geschichtlich Einmalige lebendig bleiben, muß es je von neuem, unter den veränderten Bedingungen einer Zeit, ihrer Anschauungen und Erfordernisse, ihrer Mentalität und ihrer Vorstellungen, nachvollzogen werden. Wer darum heute sich zu einem Leben berufen weiß, das gänzlich dem Gottsuchen und darum in besonderer Weise dem Gebet geweiht ist, der muß im Kern das gleiche tun, was die Mönche seit eh und je getan haben, und muß es doch anders tun, will er dem Ruf Gottes hier und heute entsprechen, nicht nur in anderen Formen,

sondern der Kern selbst zeigt und erschließt sich ihm anders. Wir haben nicht mehr die gleichen Vorstellungen von Gott wie das frühe Christentum oder das Mittelalter; wir können nicht mehr von Gott und mit Gott so sprechen, wie es einmal der Fall war. Das »Gott allein« hat für uns einen Sinnwandel erfahren, der bedeutsam ist, und nicht nur in der Theorie. Der »Auszug aus der Welt« kann nicht mehr so motiviert werden, wie er einmal motiviert wurde. Die »Wüste« im Verständnis der geistlichen Überlieferung ist für uns nicht mehr so unbedingt der privilegierte Ort der Gottbegegnung. Die Frage der Zuordnung von »Aktion und Kontemplation« stellt sich uns nicht nur anders als zur Zeit des alten Mönchtums, sondern wird auch anders erfahren. Zielvorstellungen wie die vollkommene Kontemplation, die Mystik, der »himmlische« Mensch werden heute, schon von der modernen Anthropologie, aber auch von der Theologie her kritischer, weil unterscheidender gesehen. Dennoch behalten alle unter diesen Namen laufenden Sachverhalte für das Mönchtum, die Kirche, die ganze Menschheit, ihre unverlierbare Bedeutung.

3. Hier nun setzt der Versuch der Verfasserin dieses Buches an. Sie sieht m. E. das oben skizzierte Grundproblem des Mönchtums in der gegenwärtigen Situation sehr klar. Ihr Buch ist darum keine bloße Theorie, sondern lebendiger, aktualisierender Vollzug; es will geistliches Leben im Sinne der monastischen Berufung präsent machen und der heutigen Generation neu erschließen. Das geschieht auf folgende Weise: Einerseits werden die Vokabeln und auch die Praktiken des alten Mönchtums ganz ernst genommen; es wird danach gefragt, was die Mönche damit eigentlich – unabhängig von aller Ideologie – meinten und anstrebten, zu welchen Erfahrungen sie kamen. Anderseits stellt sich die Verfasserin den so ansichtig gemachten Wirklichkeiten als ein Mensch, der auch die heutige Welt, ihre Forderungen und Aufgaben ernst nimmt; sie weiß sich für diese Welt und für ihre Mitmenschen verantwortlich und ist wohl mit Recht der Meinung, daß das Mönchtum dieser Verantwortung bei einer Erneuerung des monastischen Lebens

stärker als bisher Rechnung tragen müsse. Bei solcher, in immer neuen Variationen erfolgenden Konfrontation der Unbedingtheit des »Gott-allein« mit dem unverkürzten Menschsein, das immer ein In-der-Welt-Sein und ein Mit-Mensch-Sein ist, stellt sich die Erkenntnis ein, daß der Mensch, je radikaler er sich an das Gottgeheimnis seines Lebens, an den lebendigen Gott fortwagt und fortgibt, um so tiefer zu sich selbst kommt, er selbst wird, sich in Freiheit verwirklicht. Eben das ist der Ertrag der Erfahrung des frühen Mönchtums, auf den letzten Nenner gebracht. Die Aktualisierung dieser Erkenntnis für die Gegenwart ist nicht schwer. Es wird hier mit einer Unerbittlichkeit ohnegleichen offenbar, »was Menschsein kostet«, und so kann die Verfasserin gerade dem heutigen Menschen zeigen, welchen Preis er zahlen muß, will er von den Zwängen einer funktionalisierten und manipulierten Welt frei werden, will er sich auch unter den erschwerten Bedingungen der gegenwärtigen Gesellschaft in Freiheit verwirklichen. Ja, noch mehr: Erst in diesem letzten, nur im Glauben möglichen Sich-Loslassen und -Verschenken, im Sich-Sterben macht der Mensch die Erfahrung, daß sich ihm die ganze Wirklichkeit öffnet: Gott in der Welt und Welt in Gott. Für den Glaubenden darum ein erregendes Buch, das ins Schwarze trifft, weil es die Grundnot unserer Zeit anzielt und zu seiner Überwindung anleitet.

4. Von den in den letzten Jahren unternommenen Versuchen, das Mönchtum in eine neue Epoche hinüberzuführen, scheint mir dieser einer der mutigsten und tiefsten. Ohne Abstriche am Ideal der monastischen Berufung, ohne in Lebensformen und Aufgaben auszuweichen, die dieser Berufung nicht oder wenig entsprechen, werden hier aus einer für die meisten spröden und verkarsteten religiösen Überlieferungswelt geistliche und humane Wirklichkeiten von eminenter Bedeutung aufgedeckt, die gerade dem heutigen Christen, der Gott in der Welt sucht und seine christliche Aufgabe in der Welt findet, nottun. Eines allerdings wird von ihm verlangt: daß er sich im Glauben diesen Wirklichkeiten öffnet und das Abenteuer eines geistlichen

Lebens einzugehen gewillt ist. Und noch ein zweites: Das Buch scheint mir auch ein Anruf an die monastischen Orden selbst zu sein. Haben sie den Ort, den sie heute in der Kirche einnehmen sollten, schon gefunden? Sind sie sich ihres besonderen Dienstes für das geistliche und das humane Leben in einer veränderten Welt und Gesellschaft – eines sehr aktuellen Dienstes – schon bewußt geworden? Gewiß geht es in diesem Buch zunächst um den Kern der monastischen Berufung, nicht um die heute so intensiv besprochenen Strukturfragen. Aber wer mit wachen Augen liest, wird zu der Einsicht kommen, daß das Gesagte auch seine Konsequenzen für das konkrete Leben der monastischen Orden nach sich zieht. Wir möchten darum diesem Buch den Wunsch mitgeben, daß das monastische und das kontemplative Leben wieder stärker für die Christenheit fruchtbar gemacht und in die moderne Welt integriert werden möge.

Friedrich Wulf SJ

1. Kapitel:

Der betroffene Mensch

Was heißt Betroffensein?

Betroffen ist einer, der aus irgendeinem Grund den nächsten Schritt nicht tun kann, wie er ihn ursprünglich tun wollte. Etwas macht ihn stutzig, stößt ihn vor den Kopf, sticht ihn ins Herz, läßt ihn erschrecken bis zum Außer-sich-Geraten. Das kann Schlimmes sein, aber auch Gutes. Unerwartet ist es immer, dazu unbedingt angehend, wiewohl nicht aus Eigenem herrührend. Es überfällt. Und je nachdem, wie tief es betroffen macht, dauert der Aufprall an, wirkt er sich aus, was von einem jähen Sich-Umwenden reichen kann bis zur totalen Lebensumkehr.

Im Nachrichtenjargon hört sich das allerdings anders an. »Nach ersten vorsichtigen Schätzungen wurden von der Katastrophe soundso viele Personen betroffen«, heißt es da. Das Wort »betroffen« ist auswechselbar, sozusagen ein Versatzstück; genausogut kann man anders sagen. Etwa: »... wurden in Mitleidenschaft gezogen«, »wurden Opfer der Katastrophe«, oder, ganz kalt konstatierend: »Soundso hoch beläuft sich der Personen- und Sachschaden«. Was hier interessiert, ist allein das Faktum, die Zahl. Der betroffene Mensch ist zum Registratur- und Versorgungsobjekt geworden. Man benennt sein Widerfahrnis wie eine Panne, die repariert werden muß.

Unfähig zum Betroffensein?

Betroffensein ist aber keine Panne, die zu reparieren wäre. Es setzt eine Zäsur, die bleibt. Von da an läuft etwas oder alles anders. Die Frage ist nicht von der Hand zu weisen, inwieweit der Mensch heute noch fähig ist, Betroffenheit in diesem buchstäblichen Sinn zu erfahren.

Man lese daraufhin etwa den Bericht des amerikanischen

Journalisten W. L. Lawrence über die Bombenexplosion von Nagasaki: »Schweigend und erschüttert sahen wir den Meteor, der aus der Erde zu steigen schien, anstatt vom Himmel zu fallen. Es war ein neues Geschöpf, das dort vor unseren erschrockenen und ungläubigen Augen geboren wurde ... Die Welt hielt den Atem an«[1]. Und dann? Nichts weiter. Auch an derlei gewöhnt man sich nämlich. Selbst wenn man es »Nachbarschaft der Dämonen« betitelt.

Weil die Gewöhnung heute so grassiert, gibt es so wenig echte Betroffenheit. Damit kommt die Routine zum Zug, die Überraschungslosigkeit, das ewige Einerlei, die tödliche Langeweile, der Überdruß. Das, was unbedingt angeht, weil es gerade nicht das Eigene ist, widerfährt nur schwer. So aber bleibt der Mensch Gefangener seiner vier Wände, mag er diese Wände auch Welt- und Menschheitsraum nennen.

Erweckung zur Nachfolge

Hingegen ist die Schrift voll von wirklich Betroffenen. Abraham, Mose am Dornbusch, Josua und David, Daniel und Jeremia, der Täufer, die Jungfrau bei der Verkündigung, die ersten Jünger, der rechte Schächer und der Hauptmann auf Golgotha, die Frauen am leeren Grab, die pfingstliche Versammlung – man könnte die Reihe endlos fortsetzen. Solange Gottes Geschichte mit den Menschen dauert, ist sie eine Geschichte von Betroffenen. Immer wieder gibt es solche, denen »ein Stich durch das Herz« geht, wie es in der Apostelgeschichte berichtet wird. »Männer! Brüder! Was sollen wir tun?« heißt dann die verwirrte Frage. Und die Antwort, stets die gleiche: »Stellt euch um, stellt euch ganz und gar um« (Apg 2, 37). Also Metanoia als Konsequenz dieser echten Betroffenheit. Ihr ist freilich erst dann nicht mehr auszuweichen, wenn sie universal sein wird, dann – am letzten Tag der Geschichte –, wenn man Gott sehen wird »wie einen Blitz, der sein Licht über den ganzen Himmel schleudert« (Mt 24, 27).

Was diesen Betroffenen allen gemeinsam ist? Daß ihnen der lebendige Gott widerfährt; und: daß sie sich an ihm entscheiden müssen. So, wie es etwa dem Simon Petrus erging beim unerhörten Fischfang am See Genezareth nach der langen vergeblichen Nacht (Lk 5, 1–11). Ihm wird der Heilige Israels zur unmittelbaren Nähe. Und was geschieht? Außer sich wirft sich Petrus dem Herrn an die Knie und fleht ihn an: »Geh aus meinem Schiff! Ich bin ein gottloser Mensch!« Aber der Herr geht nicht: nun kommt er erst ganz. Der Zurückweichende, Außer-sich-Geratene gerät in seine Macht, so sehr, daß er alles läßt und ihm nachfolgt.

Genau das ist Christsein: Nachfolge aus Betroffenheit. Ob das zustande kommt, hängt nicht nur an der erweckenden Gnade; nicht zuletzt hängt es am Menschen. Selbst wenn ihn der Blick des menschgewordenen Gottes trifft, der ihn liebgewonnen hat, kann er sich ihm entziehen, unfähig wie der reiche Mann, sich herzugeben, das Eigene zu lassen: »Jener war aber betroffen über dieses Wort und ging betrübt davon; denn er besaß viele Güter« (Mk 10, 22). Das kann bis zur Herzensverhärtung gehen, bis zur bösen Betroffenheit der Pharisäer, die sich nur um so zorniger abschirmen, je mehr sie betroffen sind. Wir können heute noch viele Varianten dieser Abwehrhaltung nennen: Flucht ins Unverbindliche, Verdrängung, Betriebsamkeit, hektische Ausgelassenheit, resignierte Traurigkeit, Weigerung, sich vergeben zu lassen, aggressive Selbstbehauptung, Unfähigkeit, sich für irgend jemanden zu vergessen. In all dem schwelt schließlich die Angst vor dem, was mich ändert, insofern es das wirklich Andere, der Andere ist, das Nicht-Ich, nicht zu erzwingen, nicht zu verfügen, geheimnisvoll bis zum absoluten Mysterium. Was daran betroffen macht, ist nicht nur das Undurchschaubare, das mich unsicher macht und meine Möglichkeiten in Frage stellt. Es ist außerdem und letztlich der kernhafte Anspruch, mit dem mich dieses Nicht-Ich angeht. Der nächste Schritt kann nicht getan werden ohne die Grundentscheidung: entweder so tun, als sei nichts geschehen (und das ist Lüge); oder so tun, wie mir geschieht. Aber wie geschieht mir? Ich werde gerufen, mich selbst zu übersteigen. Christlich gesagt: Ich werde gerufen zur Nachfolge.

Tötung, die lebendig macht

Daß der Mensch folgen kann, ist, wie gesagt, eine Konsequenz aus dem Betroffensein. Sie hat aber kaum etwas zu tun mit Logik und ist weit mehr als ein psychologisches Phänomen. Der Kern ist dieser: daß der Mensch am wirklichen Gott erschrickt und seine Gott-losigkeit gewahr wird. Das eine nicht ohne das andere. Was wird er nun tun? Sein Erschrecken treibt ihn nicht einfach automatisch in die Flucht; es kann umgekehrt gerade Verlangen wachrufen nach dem, der ihn konfrontiert mit der eigenen unrühmlichen Wahrheit. Das ist paradox, nicht logisch; aber es ist so. Der Betroffene kann sich mitten hineinwerfen in das Feuer, vor dem er zurückfährt; und in gewissem Sinn muß er das tun, sofern er wirklich an Gott geraten ist. Denn Gott ist ja das, worauf der Mensch angelegt ist, seine Wahrheit – mehr, als er selbst sie ist. Gott ist die Quelle, die er bisher nur an seinem Durst erkennen konnte, der Abgrund, der den Abgrund in ihm anruft, die Luft, die ihn atmen läßt. Gott ist, mit einem Wort, der Sinn, und dieser Sinn fasziniert ihn. In allen Religionen gibt es diese geheimnisvolle Faszination, die von der Gottheit ausgeht. Aber erst Christus sagt uns, *was* eigentlich den Menschen an Gott fasziniert. Es ist nicht nur das undurchschaubar Geheimnisvolle, das entrückt bleibt; auch nicht nur, noch geheimnisvoller, das irgendwie Entsprechende, das den homo religiosus auf vielerlei steilen und abenteuerlichen Wegen zur Höhe oder in die Tiefe seiner Existenz verlockt. Christus hat uns gesagt, daß es die Liebe ist. Die Liebe, als die sich Gott in Christus erweist, bis zur Realität des Kreuzes. Sie erst macht im Innersten wehrlos für die ganze Gewalt der göttlichen Faszination. Und wo sich der Mensch nicht willentlich abschirmt, da trifft sie ihn so, daß nichts mehr auszusparen ist. Da zeigt sich dann, was Betroffensein im letzten ist: Tötung, die lebendig macht, wie Paulus sehr genau sagt. Der Mensch beginnt dann, von jenseits seiner selbst her zu leben, nicht mehr als Ich, wiewohl befreit von der Ichlosigkeit: »Nicht mehr ich lebe, Christus lebt in mir« (Gal 2, 20).

Mönchsein ist: Betroffensein

Was immer man vom mönchischen Leben sagen mag, man wird nichts darüber sagen, wenn man ihm die Betroffenheit aberkennt. Gottbetroffenheit als christliches Lebensthema, darin besteht sein Auftrag. Betroffenmachen durch eigenes Betroffensein, das wäre sein Zeugnis. Ein Zeugnis, zu dem der Zugang offen bleiben muß. Warum? Weil hier Werte in den Blick kommen und wiederzuentdecken sind, die unverzichtbar zum Christsein gehören, zu unser aller Christsein. Außerdem: Weil hier Fragen gestellt sind und gestellt bleiben, die zu überhören wir uns heute nicht mehr leisten können.

Gewiß, das Zeugnis ist verschwiegen. Das gilt, wo immer Mönchtum, einst wie heute, echt gelebt wird. Es will nicht von sich reden machen, sein Ausdruck ist dort am glaubwürdigsten, wo bloße Theorie und Programmatik am fernsten bleiben. So kann es freilich dazu kommen, daß dem Skurrilen, dem Zeitgebundenen, dem eigenwillig Akzentuierten ein falscher Stellenwert gegeben wird, von den Mönchen selbst wie von den Nichtmönchen. Das kann beirren, es kann unter Umständen dazu führen, daß man völlig übersieht, was schweigend, in unausweichlicher Betroffenheit dahintersteht. Man hätte dann aber nichts gesehen. Denn Mönchsein ist eine Sache des betroffenen Herzens, das liebt, weil es geliebt wird. Woran läßt sich das – trotz allem – erkennen?

Drei spezifische Merkmale bieten sich an, wenn man auf die Tradition des Mönchtums schaut, alle drei nicht sehr modern, doch charakteristisch und im Grund urbiblisch. Betroffensein, wie wir es hier in den Blick bekommen, artikuliert sich in der *gottgemäßen Trauer*, ist nicht zu denken ohne die *Furcht des Herrn* und läßt die oft mißverstandene Frage stellen: *»Was muß ich tun, um das Heil zu erlangen?«* Man muß dieses uns heute fremd anmutende Vokabular stehen lassen; man muß sich mit ihm konfrontieren. Anders wird man keinen Zugang zum Wesen und zu den Werten monastischer Berufung finden.

Heilsleidenschaft aus Gott-Betroffenheit

Die Frage nach dem Heil, um mit ihr zu beginnen, ist für das Mönchtum so kennzeichnend, daß man die Mönche etwa in Syrien einfach nannte: »hoi sozesthai boulomenoi« – die Heilsuchenden. Mönchsein heißt soviel wie: sich um das Heil mühen; so, wie ein anderer sich müht um den Aufbau seiner Familie und um die tausend Dinge, die für das menschliche Zusammenleben in und außerhalb der Ehe notwendig oder nützlich sind: eine Karriere, ein soziales Projekt, Gesundheit, Wissen, Erkenntnis, Weiterbildung, Bemühen um eine wohnlichere Welt. Wer Mönch wurde, sagte damit nicht, das alles sei falsch oder schlecht; er gab nur unmißverständlich zu erkennen, daß für ihn nichts so wichtig war wie das Heil, daß er sich sozusagen ex professo, also berufsmäßig davon bestimmen ließ, daß er ihm von nun an nachjagen würde wie der Hund dem Hasen, dessen Witterung ihm in die Nase gekommen ist.
Gerade dieser Vergleich aus einer alten Mönchserzählung[2] trifft genau die schier atemlose Passion, die in diesen Heilsuchenden vibriert. Leidenschaft für Gott, nicht Heilsegoismus ist das Urmotiv ihres oft so merkwürdigen Lebens, eine verhaltene, aber glühende Leidenschaft, die gerade nicht das Eigene bewahren will, sondern kühn und alles übrige vergessend bis zur Erschöpfung hinter dem her ist, auf das es ankommt, sobald – und das ist hier die Erklärung – der Gott des Heiles sich erfahrbar gemacht hat. Man muß freilich genau hinhören, will man den schlichten und oft simpel scheinenden Aussagen und Anweisungen diese innerste Betroffenheit ablauschen. Dann aber sind sie eine wahre Fundgrube. Ergiebiger als die ausgesprochenen Bekehrungsgeschichten, die weithin im Typisch-Legendären bleiben, sind die Mönchssprüche, namentlich die sogenannten »Apophthegmata Patrum«[3]. In ihnen kommt unverkennbar ursprüngliches Leben durch. Da werden Dinge gesagt und getan, die immer neu überraschen und die ratlos machen, solange man nicht die radikale Umpolung einer von Gott betroffenen Existenz dahinter entdeckt.

»Rede nicht, bevor du gefragt wirst«

Ein Beispiel aus unzähligen sei etwas eingehender vorgebracht. »Zu Beginn (seines Mönchslebens) suchte Abbas Eupropios einen Altvater auf und sagte ihm: ›Vater, gib mir ein Wort: Wie kann ich zum Heil kommen?‹ Der andere erwiderte: ›Wenn du geheilt sein willst, dann fange nicht zu reden an, wenn du einen aufsuchst, bevor dieser dich fragt.‹ Er aber, sehr betroffen von diesem Wort, warf sich zu Boden und sagte: ›Wahrhaftig, ich habe viele Bücher gelesen und nie eine solche Weisung gefunden.‹ Und hocherbaut zog er sich zurück«[4].

Wenn eines dieser Geschichte zu fehlen scheint, dann die rechten Proportionen. Da kommt einer, sein Leben in Händen, zu einem, von dem er glaubt, er wisse, was er selbst nicht weiß: wie nämlich dieses Leben, versehrt und befleckt, heil werden kann. Ein Mensch also, der sieht, wie es mit ihm steht, und der sich umsieht, wie das zu ändern ist – und es muß zu ändern sein, weil alles daran hängt: der Sinn seines Lebens, sein innerstes Verlangen, Gottes Verheißung und der eigene Glaube! Und da bekommt er auf seine Existenzfrage die mehr als simple Antwort: Wenn alles anders werden soll, zum Guten hin, dann mach dies eine, daß du nur redest, wenn du gefragt wirst. Was geschieht? Weit entfernt, ärgerlich oder entrüstet davonzulaufen, wirft sich der offensichtlich gebildete Mann vor dem Altvater zu Boden, sehr betroffen, wie es heißt (wörtlich: erfüllt von der compunctio), und bekennt, daß hier Weisung ergangen ist an ihn wie in keinem seiner vielen Bücher, ein Heilswort durch einen Geistträger.

Wie verhält sich das alles zueinander? Wo ist das Koordinatensystem, in dem so simple und so hohe Dinge wie eine Anweisung zur Bescheidenheit und die Betroffenheit eines Menschen, der sein Heilswort zu vernehmen glaubt, einander zugeordnet werden können?

Es gibt kein solches System. Wohl ergibt sich der Schnittpunkt des Konkreten. Das Heil, so erfährt man, ist alles andere als unverbindliche Theorie; es will gewirkt sein.

Der es verwirkt hat, der sündige Mensch, muß sich anstrengen, es wiederzugewinnen. Er muß angespannt hinterherbleiben, immer wieder neu, Tag und Nacht. Aber solche »praxis«[5] bliebe eitel und fruchtlos, wäre da nur fromme Leistung, nur der laufende Mensch. Ohne den erbarmenden Gott gibt es kein Heil. Alles, was der Mensch dazu tun kann (und allerdings tun muß), ist sinnlos, wenn es nicht Raum schafft für die Gnade. Darin setzt der Mensch die eigentlich heilsame Tat, daß er Raum gibt und läßt für das, was er nie aus sich haben kann, was ihm frei geschenkt wird, unverfügbar und gerade so betroffen machend, wenn der Mensch erfährt, wie nahe der ist, der allein ihn heilen kann von seiner Sünde (vgl. Lk 1, 47).

»Gebt Raum dem, der einzieht«, das ist die Kernbotschaft des Neuen Testamentes nach Mk 1, 3. Nichts anderes meint im Grund die schlichte, handfeste Weisung: »Rede nicht, bevor du gefragt wirst.« Raum ist zu geben schon rein formal, das heißt: im gläubigen Befolgen dieser Weisung. Vor allem aber ist inhaltlich darauf abgezielt, insofern das Heil zu wirken ist im bescheidenen Sichzurücknehmen des Eupropios. Der springende Punkt dabei ist nun aber – und das sollte wieder einmal vorsichtig machen beim Vorwurf angeblich nur vertikaler Gottsuche im Mönchtum –, daß dieses heilsame Sichzurücknehmen gerade dort erfolgen soll, wo Gott seine Nähe verfremdet ins Nichtgöttliche, ins Mitmenschliche. Gerade dort, in der Rede zwischen Mensch und Mensch, soll Raum geschaffen werden für die Gnade, soll dieses Zurückstehen gelten, das dem Menschen für gewöhnlich recht wenig liegt.

Nirgendwo so wie im Reden ist der Mensch ja geneigt, sich vorzudrängen. Hier kann er sich, wirklich sich, artikulieren, und fast unausrottbar ist das Verlangen danach. Ein gutes Verlangen, insofern gesundes Leben überall in die Gestalt will und speziell die Person nicht sein kann ohne das unvertauschbare Wort, in dem sie sich faßt und mitteilt. Aber eben so ist Reden ambivalent. Es kann zum Monolog werden, der nicht fragt, ob der andere zuhört oder etwas davon hat. Es kann den anderen sogar zum Objekt verdinglichen, bis zur manipulierten Sache. Dann sucht der Redende die Situation, die Anwesenden in den Griff zu bekommen, und dieser Griff heißt: Herrschenwollen. Im gekonnten und berechnenden Wort lassen sich Entscheidungen herbeiführen, Machtpläne durchsetzen, Herzen lenken und auch verführen. Sobald der Redende das respektlos für sich ausnützt, verfälscht er das Wort, das ja Wort für andere sein soll, macht er es zum Instrument des dominierenwollenden Ich, steht er seinerseits unter einem Diktat, nämlich dem der Ursünde, der Hybris. Davon muß sich lösen, wer das Heil sucht. »Rede nicht, bevor du gefragt wirst«, das ist gleichbedeutend mit der Forderung, allem Streben nach Geltung, Sich-Durchsetzenwollen, Den-andern-zur-Seite-Drücken, nach Mitsprache um jeden Preis, letztlich nach irgendeiner angemaßten Rolle, zu entsagen. Es ist die Forderung, sich im »apsephiston« zu halten, wie die alten Mönche sagten, in der für sie so charakteristischen Entschlossenheit, ohne Stimme (wörtlich: Stimmstein) zu bleiben, also nicht Wortführer, nicht Lehrer oder tonangebende Autorität zu sein, sondern einer, der in der Jüngerhaltung nein sagt zu sich selbst, um mit geschultertem Kreuz Christus nachzufolgen[6]. Im Gegensatz zum Meister kommt es nach Benedikt dem Jünger nicht zu, daß er redet und lehrt, sondern er muß schweigend hinhören[7]. Daß Eupropios gerade von dieser Weisung ins Herz getroffen wird, mag zusammenhängen mit seiner offenbar hohen Bildung (er hat ja viele Bücher gelesen). Er wußte mehr und konnte das auch besser sagen als andere; und warum sollte er sich bis dahin nicht entsprechend verhalten haben? Jetzt aber erfährt er, daß so für ihn nicht zum Heil zu kommen ist; mehr: daß in solchem Verhalten das wurzelt, was ihn bisher von Gott getrennt hat. Am Stich, den ihm das Wort des Altvaters versetzt, merkt sein Herz, wie das stimmt, wie genau das auf ihn zutrifft. Reue überkommt ihn, Schmerz über den Abstand von Gott, Erschrecken bei der blitzartigen Einsicht in seinen tatsächlichen Zustand und Entschlossenheit, an diesem für ihn so zentralen Punkt anzusetzen. Das alles meint »compunctio

cordis«, und das alles bringt Eupropios zum Ausdruck, indem er, wie es heißt, die »Metanie« macht.
»Metanoian ebale« – eine sehr geläufige Wendung, die besagt, daß eine tiefe Verneigung gemacht wird oder eine Kniebeuge oder auch eine Prostration; man weiß nicht, was genau. In unserem Zusammenhang bezeichnet es wohl sicher eine Gebärde, in der Ehrfurcht, Bitte um Verzeihung und Bezeugung der eigenen Nichtigkeit vereint sind. So fällt ein betroffener Mensch zu Boden, einer, dem seine Kartenhäuser einstürzen vor der totalen Wirklichkeit, die Gott heißt und mit der er sich konfrontiert sieht in einer alle Illusionen tötenden Gegenüberstellung, bei der das bloße Wunsch- und Wortdenken zerschellt, ein bloß begrifflicher Glaube verstummt, ein stolzer Selbstand zur alles übergebenden Anbetung wird.
Der Ort dieser Konfrontation ist, wie gesagt, der andere Mensch, dieser andere, der hier zudem selbst vorgemacht hat, was er dann als Logion aussprach (auch das ein Grundprinzip mönchischer Spiritualität): Er hat geschwiegen, bis er gefragt wurde. Indem Eupropios auf das erfragte Wort des Altvaters hin die Metanie macht, bringt er seine Bekehrung dar. Und noch vor der verbalen Antwort bekennt seine Gebärde: Hier ist Gott; und: So muß, so will ich tun, weil mir alles liegt an seinem Heil.

»Gottgemäße Trauer«[7a]

Von nun an ist dieser Mann ein »penthikós«. »Hoi penthikoi«, das war der andere Name für die Mönche in Syrien: »die Trauernden«. Gemeint ist die Haltung, die der Herr seligpreist, wenn er in der Bergpredigt sagt: »Selig, die ihr jetzt weint, denn ihr werdet lachen« (Lk 6, 21). »Mönch ist einer, der weint«, heißt es ganz entsprechend bei Ephrem dem Syrer. Und was ist der Grund? Der tatsächliche Zustand, in dem sich alle und jeder einzelne befinden. Das Heil, in Christus bereits erlangt, ist noch nicht endgültig da. Es gibt noch das Unheil, täglich zu erfahren in einer brüchigen Existenz, die umstellt ist von Krankheit, Vergeblichkeit, Versuchung und Sünde. Damit ist zu rechnen. Nur wer sich darüber hinwegtäuscht oder alles einfach laufen läßt, nur der kann vergnügt dahinleben. Der Mönch kann das nicht. Er sieht, daß er gesündigt hat; mehr: daß er ein Sünder ist, und dies trotz seiner Bekehrung zu Gott. Er sieht auch, daß die Welt im argen liegt und die Menschen sich quälen, weil sie sich, bewußt oder unbedacht, von Gott fernhalten, auf ihn vergessen oder ihn dort suchen, wo er nicht ist. Solche Einsichten machen den Mönch zum betroffenen Menschen, der leidenschaftlich das Heil sucht für sich und die anderen; und er tut das, nicht zuletzt, indem er ein »Trauernder« wird.

Diese Trauer, das ist damit schon gesagt, hat nichts zu tun mit Weltschmerz, wehleidigen Gefühlen und Resignation. Man läßt sich hier nicht fallen in ein Bad von Selbstmitleid, Lustlosigkeit und rührseligen Tränen. Solcherlei gehört zur Trauer dieser Welt; die Mönche verabscheuen sie. Sie ist unheilvoll, eine schlimme Erkrankung. Sie kann zur Verneinung der christlichen Grundkraft werden: der Hoffnung. Dann zählt sie zu den sieben Hauptsünden. »Niemals an Gottes Barmherzigkeit verzweifeln«, diese Mahnung Benedikts[8] richtet sich präzise gegen die falsche Traurigkeit. Die gute Trauer dagegen ist eine große, vitale Kraft. Sie bedeutet radikale Entscheidung gegen das Eigene, für Gott. Sie ist in nichts sentimental, sie hat nichts zu tun mit »mönchischer Weichheit« (K. Holl), wie man ihr vorgeworfen hat. Sie entstammt gerade einem Herzen, das an Gott fest geworden ist, angstlos, weil ihn fürchtend. Das ist freilich etwas total anderes als das dürre, verhärtete Herz des Unangerührten, Gnadelosen. Im gottgemäßen Trauern kommt eine Personmitte zum Tragen, die getroffen und verwandelt worden ist von der Gnade zu gesammelter Klarheit. So erst kann der Mensch wirklichkeitsgerecht reagieren. Und nach der Bergpredigt heißt das für jetzt nicht lachen, sondern weinen.

Die Unfähigkeit zu trauern (Mitscherlich), die vergessene, versäumte Trauer (Sölle) in unseren Tagen beunruhigt manche Tieferblickende. Mit Recht. Könnte es nicht sein, daß verkümmernde, verhinderte Menschlichkeit den Weg verbaut zu Einsichten, zu Erfahrungen, auf die der Mensch normalerweise nur eine Antwort haben kann: Tränen? »Sunt lacrimae rerum«, die Dinge haben ihre Tränen, weiß Vergil; und auch die alten Mönche wußten es. Reue, Buße, das ist nur eine Seite dieser Betroffenheit. Darüber hinaus, dahinter gibt es – im Kern der Dinge, im Herzen des Menschen – eine Tiefe, die zu bluten anfängt, sobald sie angerührt wird; und nach einem schönen Mönchswort sind eben die Tränen dieses Blut. Sie kommen aus einer Tiefe, in der alles noch zart geblieben ist, versehrbar, aber auch heilbar. Gerade weil der Mensch in dieser ursprünglichen Einheit noch weiß, wie es ist mit Glück und Heil und also mit Gott, gerade darum kann ihn hier die Erfahrung der Sünde wie der Gnade so treffen, daß er nur mehr Tränen hat.

Nach der Überlieferung gibt es dementsprechend zweierlei Tränen: Tränen der Reue, die aus dem geängstigten, ja zerbrochenen Menschenherzen kommen (vgl. Ps 51, 19) und den Bekennenden vor Gott reinwaschen; und Tränen, die der Geburt und ihren Wehen zugehören, wenn aus Gnade und Vergebung der neue Mensch ersteht. Das sind Tränen einer Freude, die nicht zu beschreiben ist. Die alten Mönche wollten sie auch gar nicht beschreiben. Sie haben darüber geschwiegen, so lange es nur ging. Sie haben nach Möglichkeit auch ihre Tränen verborgen gehalten. Wenn man sie doch darüber befragte, schützten sie ihre Sünden vor, die sie beweinen müßten. Man darf sich davon nicht täuschen lassen. In Wirklichkeit waren diese ernsten Schweiger einfach Liebende, die große Worte scheuen, gerade weil sie betroffen waren von Gott bis ins Innerste hinein. Daß sie sich so geliebt wußten, das ist wohl der eigentliche Grund, weshalb dieser brennende und zugleich milde Schmerz, diese Beschämung und Beglückung, Sünder und Begnadigter zu sein, sie bis zu Tränen erschütterte. Sie hatten eine innere Zartheit, die für sie den Abstand von Gott unerträglich machte, die aber auch seine Tröstung und Nähe im Heiligen Geist zur überwältigenden Erfahrung werden ließ. Beides gehört in das Bild dieser »Weinenden«, und beides stellt uns, bei aller zugegebenen Andersartigkeit im Psychischen und sogar Physiologischen, eine nicht zu überhörende Frage.

Man könnte sie eine Frage nach unserem Glauben nennen. Und darüber wäre vieles zu sagen. Für jetzt soll etwas anderes betont werden: Gibt es nicht einen Zusammenhang zwischen der zunehmenden Freudlosigkeit unserer Zeit und ihrer Unfähigkeit, zu trauern? Und also der Unfähigkeit oder auch Unwilligkeit, sich anrühren zu lassen im Sinn der Betroffenheit? Schon Kassian warnt davor[9]. Man dürfe nicht so tun, als sei alles in Ordnung. Wer sich dieser Illusion hingibt, der soll sich in acht nehmen, daß er nicht der »Atonie« verfällt, diesem lustlosen und von keinem Luftzug mehr bewegten Dahinvegetieren, das weder den Willen zum Unbequemen kennt noch die Freude am Heil. Es ist schmerzlos, aber auch glücklos, einfach fad wie »die abscheuliche Lauheit«, die der Herr ausspeit aus seinem Mund (Apk 3, 16). Nein, es geht nicht ohne die Trauer der Bergpredigt. Das bedeutet sicher Kampf, ein mühsames, ja strenges Leben. Es verlangt nicht zuletzt durchhaltendes Gebet. Es fordert die tapfere Bereitschaft, den Stich ins Herz stets neu zu erfahren, dem Blitzstrahl von oben sich auszusetzen, damit die Schläfrigkeit, die Ermattung oder auch der Ansturm der Leidenschaften das Herz nicht überwältigen. Betroffensein verlangt wiederholtes Betroffenwerden, die erste Erweckung zur Nachfolge darf nicht die einzige bleiben. Es gilt, die erneute Verwundung auszuhalten, unbetäubt und unverdrängt. Das ist nicht bequem, es ist sogar hart. Aber so will es das Gebot Christi.

Und genau hier wird es licht in diesem ernsten Leben. »Das große Werk des Menschen ist es, daß er seine Sünde vor Gottes Angesicht emporhalte und daß er mit Versuchung rechne bis zum letzten Atemzug«[10]. Wer das tut, der erfährt schon etwas vom Frühlicht der Erlösung. Die Trauer ist nicht fortgenommen, aber sie ist eine freudige Trauer, ein »charopoion penthos«[11]: »Es ist möglich, in der Trauer zu sein wegen seiner Sünden und (doch zugleich) in der

Freude wegen Christus.« Weil Christus ganz nahe ist, darum ist hier Freude. Nach Johannes Klimakus gibt es »in der Seele ein ungetrübtes Sich-Freuen, weil Gott es ist, der geheimnisvoll jene tröstet, die ein gebrochenes Herz haben«[12]. Etwas schimmert hier durch von einer innersten Unberührbarkeit, die dem von Gott Angerührten zuteil wird.

Zusammenfassend läßt sich sagen: Die besondere Art von Betroffenheit, die nach der Mönchsüberlieferung »gottgemäße Trauer« heißt, ist im Kern positiv. Sie ist die Erfahrung einer freudigen, getrösteten Trauer, die ihrerseits den Gott der Gnade erfahrbar macht. Das durchbohrende Wissen, Sünder zu sein, wird nicht fortgenommen; es ist aber hineingehoben in die große Freude der Nähe Gottes in Christus, im Heiligen Geist. Daraus kommt eine tiefe Kraft und Milde des Herzens, ein anspruchsvolles Leben, aber ohne Ehrgeiz, ein wirklichkeitsgerechter Optimismus, ein leidenschaftlicher Eifer im selbstlosen Tun, und vor allem ein unantastbarer, leuchtender Friede. Wer in solcher Betroffenheit lebt, ist ernst, aber glücklich: ernst, weil unter Gottes Anspruch stehend – in der Hergabe des Eigenen, in der Heilssuche voller Unzulänglichkeit, in der Kreuzesnachfolge, in Schuld und Vergebung –; glücklich, weil von Gott angenommen, weil getröstet. An der Gelöstheit seiner Züge und der darin zum Ausdruck kommenden Lauterkeit der Seele erkannte man den großen Antonius, heißt es in seiner Vita[13]. »Nie geriet er in Verwirrung, so befriedet war seine Seele. Nie sah man ihn verdrießlich, denn sein Geist ruhte in der Freude.« Wer ihn sah, erfuhr etwas von Gott. Dieser Mensch war neu geworden in der Betroffenheit, die das Heil nicht nur suchen läßt in der Mühsal bis zu Tränen, sondern die es wirkt.

Heilige Furcht

Es bleibt geheimnisvoll, wieso Betroffenheit, also Versehrung, das Heil bereits wirkt; es bleibt dies eingesenkt in das Mysterium eines Heiles, das Leben aus dem Tod ist.

Daß der Mönch diesem Geheimnis zugehört, zeigt er in seiner Suche nach dem Heil und als der »Trauernde«. In beidem aber gibt er Antwort auf einen Gott, dem nicht zu begegnen ist ohne die heilige Furcht, den »timor Domini«.
Die Gottesfurcht, urbiblisch, ins Christliche hinein entfaltet, liefert keinen spezifischen Titel für mönchische Lebensart wie Heilssuche und evangelische Trauer; sie ist aber so etwas wie ihr basso ostinato. Ohne sie ist Mönchtum nicht zu denken. Benedikt etwa folgt ganz der Tradition, wenn er der Furcht des Herrn einen zentralen Platz in seiner Regel gibt. Im Prolog, wo er den von Gottes Stimme »Angedonnerten«, aus dem Schlaf Gerüttelten, eben den betroffenen Menschen schildert, der zum Mönchtum erwacht, da hält er ihm den Ruf des Geistes entgegen: »Kommt . . ., die Furcht des Herrn will ich euch lehren«[14]. Neben der Demut und dem Gehorsam ist sie das Entscheidende. Die heilige Furcht ermöglicht es, daß der Mönch sich immer und überall von Gottes Blick getroffen wissen kann. Sie macht das Herz hellwach, und nur so kann es der permanenten Gefahr entkommen: der Gottvergessenheit. Positiv gesagt: Die heilige Furcht macht dem Menschen hell, »so wie die Lampe in einem dunklen Raum Licht verbreitet«. Mit diesem schönen Bild unterstreicht ein Apophthegma[15] glücklich die Lehre Benedikts und gemahnt an das Wort der Schrift, wonach die Gottesfurcht der Anfang der Weisheit ist.
Der Gottesfürchtige bleibt des Allgegenwärtigen gewärtig; darum geht er auf Gottes Wegen. Weil er ihn als Gott erfahren hat, darum nimmt er ihn ganz ernst, und indem er das tut, indem er sein Leben durch und durch nach Gott richtet, erfährt er ihn beständig als den, der er ist. Gott fürchten heißt also, sich von ihm bestimmt wissen und sich bestimmen lassen, heißt einwilligen in die ganze Wirklichkeit, in der Gott Gott ist und der Mensch nicht Gott. Es heißt, betroffen bleiben von der Tatsache, daß man restlos abhängig ist von ihm, der Leben und Tod in der Hand hält und das Geschick eines jeden seiner Geschöpfe. Gott fürchten heißt, dem Rechnung tragen, nicht ängstlich, wenn auch

ernst und aufgeschreckt von der Möglichkeit, die ernsten Dinge Gottes, das Heil, zu verfehlen und umsonst gelebt zu haben.

Was aber bei der Suche des Mönches nach dem Heil, was selbst bei seiner Trauer noch als Blick auf sich mitspielen kann, das hört dort auf, wo die Furcht des Herrn den Menschen ergreift. Sie ist ja Wesenswende. Sie ist gerade nicht Angst. Sie kommt erst dort auf, wo die Angst sich löst und der Mensch sich läßt. Wenn Jesus zu den Seinen sagt: »Ich bin es, habt keine Furcht«, dann will er ihnen die Angst nehmen, nicht die heilige Furcht. Die Bestürzung, das Außer-sich-Geraten soll ihr dienen; sie selbst ist mehr. Wer etwa aus Angst vor der Strafe, vor Tod, Hölle oder dem Kontrollblick eines unerbittlichen Richters Mönch geworden wäre, den fordert eine westgotische Mönchsregel ausdrücklich zum Verlassen des Klosters auf. Das reicht nicht aus. Was zählt, ist nicht das, was des Menschen ist, sondern allein die Liebe. Liebe ist aber für die Erfahrung der Mönche nur ein anderes Wort für »Gottesfurcht«. »Aus Liebe Gott fürchten«, lehrt wiederum Benedikt und mit ihm die ganze geistliche Überlieferung. In der Liebe wie in der Gottesfurcht sieht der Mensch von sich ab, hier wie dort verzichtet er auf Absicherung, fragt er nicht, wohin das führt und was das kostet, will er sich hineinwerfen in das Abenteuer der Ewigkeit, will er in Wahrheit gefährlich leben. Wenn Mönchtum Leidenschaft für Gott ist, dann kommt diese Leidenschaft hier zum Brennen. Der Gottesfürchtige ist in einem spezifischen Sinn der von Gottes *Größe* Betroffene. Für sie hat er Sinn, für sie läßt er sich begeistern: im Lobpreis, im selbstvergessenen Jubel, im Entdecken der Wunder Gottes und seiner geheimnisvollen Führungen, im ehrfürchtigen Gebet, im Eifer der Bruderliebe, im Durchhalten der beständigen Bekehrung, die er gelobt. Von Gottes Größe läßt er sich in all dem hinreißen, heraus aus allem Eigenen, immer neu betroffen, immer tiefer bejahend, daß Gott Gott ist und er, der Mensch, auf Ihn angewiesen in seiner Begrenztheit, Sünde und Sehnsucht, im Sterben und Leben.

Das eigentliche Geheimnis der Gottesfurcht aber besteht in dem, was Gott dabei tut. Gott ergreift in ihr den Menschen. In dem Maße, als diesen die Erschütterung aus sich herausgetrieben hat, kann von Gott her die große Ruhe kommen, nimmt Gott in Besitz. Und dann beginnt der stillgewordene Mensch die heilige Furcht als Gabe, als Charisma zu leben. »Wie kommt die Gottesfurcht in die Seele?« fragt ein Bruder den Abbas Eupropios. Er antwortet: »Wenn der Mensch demütig und arm ist und nicht urteilt, dann kommt zu ihm die Furcht Gottes«[16]. Die Summe des Mönchslebens ist darin ausgesprochen. Vielleicht kann man auch sagen: seine Wurzel – und damit die Wurzel alles Christseins. Denn eigentlich nur dort, wo der Mensch Gott Gott sein läßt wie in der Furcht des Herrn, gibt es die Auftreffbasis für Ihn, gerät der Mensch in den Ernstbereich, in dem er ein Betroffener werden kann zur Nachfolge.

2. Kapitel:

Der entsagende Mensch

»Der Abstand von dir tötet mich«, sagt der von Gott Betroffene (Th. Merton). Gott hat ihn angerührt. Nun kann er nicht mehr fern von ihm leben. Die Welt hat sich ihm verändert. Was zuvor wichtig schien, interessiert nicht mehr. Was als unverzichtbar angesehen wurde, steht nun am Rand, oder sogar im Weg. Was soll das alles? fragt der Mensch, der auf das »Eigentliche« gestoßen ist. Er kommt mit dem »Uneigentlichen« nicht mehr zurecht. Nur eines ist noch wichtig: der ihn angerührt hat; auf ihn muß er zugehen. So läßt er alles sonst wie achtlos zurück, er läßt es los. Das ist die Geste, an der man die von Gott Betroffenen erkennt. Sie prägte so sehr die frühen Mönche, daß sie »die der Welt Entsagenden« hießen, »saeculo renuntiantes«[17].

»Mönchsfrömmigkeit«?

Dem heutigen Menschen ist der Sinn dieser Geste im allgemeinen verstellt. Er wird nicht mehr fertig mit einer Entsagung, die in solcher Weise aufs Ganze geht. Auch der Christ fängt offenbar kaum mehr etwas damit an. Begriffe wie Aszese, Verzicht, Selbstzucht gelten vielfach als suspekt, und nicht selten verdichtet sich die Aversion dagegen in der radikalen Ablehnung der sogenannten »Mönchsfrömmigkeit«. Sie findet, wie man hört, ihren genauen Ausdruck in jenem »erstarrten Gesicht«, das zu lockern »wenigstens im Ansatz« dem Zweiten Vatikanum endlich gelungen sei[18]. Damit ist sie aber nicht ausgerottet. Nicht wenige meinen, daß das neuzeitliche Christentum noch viel zu sehr davon geprägt sei, daß eine düstere, angestrengte oder auch feige Verzichthaltung den dringenden Verdacht nahelege, hier werde man mit dem Leben nicht fertig, hier äußere sich insbesondere eine Weltflüchtigkeit oder sogar Weltverachtung, die nicht mehr in unsere Zeit passe.

Kommt nicht alles darauf an, daß der einzelne seine Antriebe und Kräfte entfaltet, um Mensch und Mitmensch zu sein, tauglich für das reale und normale Leben, ohne Verstiegenheit und Introvertiertheit? Nur so entspricht einer dem Anruf der Stunde; und weist nicht auch die heutige Theologie mit ihrer differenzierten Weltinterpretation in die gleiche Richtung?

Übertreibungen – Einseitigkeiten

Nun kann zweifellos nicht alles vom Evangelium gedeckt werden, was in der Mönchsüberlieferung als Entsagung verstanden und praktiziert wurde. Was soll man etwa sagen zu den nicht seltenen Äußerungen des Unbehagens gegenüber dem Leib, eines tiefen Mißtrauens gegen seine Bedürfnisse? Antonius schämt sich, daß er essen muß[19]. Essen soll auf jeden Fall völlige Nebensache sein und die Nahrung von äußerster Einfachheit. Schlaf und Kleidung müssen auf das unbedingt Nötige beschränkt werden. Die Schlaflosigkeit gehört zur Meisterschaft in der Aszese. Die Dürftigkeit in der Kleidung kann bis zur völligen Entblößung führen, ihre Nichtbeachtung bis zu einer menschenunwürdigen Verwahrlosung[20]. Man will radikal mit dem Irdischen brechen. Dazu gehört auch, daß man sich nirgends heimisch fühlen darf: weder in seiner Zelle noch bei anderen Menschen, nicht bei den Brüdern (man soll nicht auf vertrautem Fuß miteinander stehen), noch weniger bei Verwandten, überhaupt nirgends auf der Erde. Rigorose Distanz von den Frauen ist selbstverständlich. Ebenso muß der Mönch die Brücken zur Kulturwelt und zur Gesellschaft abbrechen; er geht in die Wüste oder zieht als heimatloser Wanderer dorthin, wo keiner ihn kennt, wo er rechtlos, arm und vergessen sein Dasein fristet. Oder er flieht in ein langes, oft jahrelanges Schweigen, wenn er nicht sogar auf Lebenszeit sich einmauern läßt[21].

Übertreibungen dieser Art wird man heute schwerlich christlich nennen; man muß und kann sie nur aus der Zeit heraus sehen und beurteilen. Daß damals die Vorstellungswelt bisweilen mehr von platonischen und gnostischen Ideen bestimmt war als vom Evangelium, sehen wir heute klarer. Auch die Mönche waren Kinder ihrer Zeit. Wenn etwa Evagrius Pontikus sagt: »Mönch ist einer, der sich von allem trennt und vereinigt ist mit allen«[22], so liegt es nicht nur am Vokabular, daß die Luft dünn scheint und der Zugang zum eigentlichen christlichen Kern nicht eben leicht ist. Wie sah die Vereinigung »mit allen« aus, wo fand sie statt, wenn sie die Trennung »von allem« verlangte? So wird man heute mit Recht fragen und dann darauf gestoßen werden, daß diese Entsagenden tatsächlich nicht nur eine verbürgerlichte Gesellschaft oder eine sündige Welt ließen, sondern die Welt schlechthin. In ihrer Vielfalt zerstreute sie ja nur den Geist, in ihrer Stofflichkeit verstellte sie die Schau, in ihrer Unordnung machte sie zum Gefangenen, verstrickte den Menschen in ihre Reize und Abenteuer und verbaute ihm den Weg zum »Eigentlichen« hoffnungslos.

»Ich und Gott allein«

Die Konsequenz aus dieser dualistischen Sicht der Welt war, daß man ihr radikal den Rücken kehrte. Im Reich des Nichtstofflichen hoffte man Gott zu finden, an diesem unirdischen und also ortlosen Ort, den man wahrnimmt mit dem Auge des Geistes, vorausgesetzt, daß dieses gereinigt ist von den Trübungen der Impressionen und Emotionen[23]. Tatsächlich schien so manchen die Erde versunken, der Weg führte nicht mehr durch die bunte Schöpfung, der Mensch hatte das Gespräch mit dem Menschen abgebrochen und sprach in seinem Herzen: »Ich und Gott allein sind in der Welt«[24].

Gerade dieser Ausspruch deckt einen Kardinalpunkt auf, an dem Entsagung uns heute verdächtig wird. Ist es wirklich Gott, mit dem sich hier der Mensch allein zu wissen glaubt? Ist es nicht eher eine Wunschwelt, in die sich der Mönch versenkt auf der Flucht vor der Wirklichkeit, ein in sich Versponnener, ja ein Menschenverächter? Es gibt zweifellos kuriose, es gibt sogar düstere Gestalten unter den frühen Aszeten; ihr Eifer hastet vorbei an den Geschöpfen, mutet wie Fanatismus an und manchmal sogar wie Besessenheit, nicht wie Konzentration auf das Eigentliche im Menschenleben.

Dennoch: so sehr man diese Einseitigkeit bis zum Skurrilen und kaum mehr Vertretbaren sehen muß – es ist nur eine Gefahr, die mit Entsagung gegeben war; diese selbst kann damit noch nicht desavouiert werden. Hinter den zeitbedingten Formen und Motiven lebt etwas Tieferes. Mag Aszese bisweilen auch bis zu einem regelrechten Wüten gegen den Leib und alles Irdische gegangen sein, mag sie abgeglitten sein in sture Verneinung oder kleinlichen Aszetismus, ihr Kern ist etwas Großartiges, Unbedingtes. Der Entsagende schließt keine Kompromisse mehr, er geht aufs Ganze. Jedes christliche Leben müßte etwas davon haben, etwas von der Verlockung spüren, über dem Einzigen, das zählt, vieles auszulassen, und irgendwie dieser Verlockung auch erliegen. Denn ist es nicht dies, was eigentlich Entsagung ausmacht: daß man nur eines will, auf das hin man alles sonst aufgeben kann; daß man betört ist und gerade so ein Weiser wird, weil ein Liebender?

Das ist der Kern; ihn gilt es im Mönchtum bloßzulegen und für heute ansichtig zu machen.

Stufen der Entsagung

Das ist allerdings nicht ganz leicht. Man muß dazu die einzelnen Schichten abdecken oder auch die Stufen nachzeichnen, die der von Gott Betroffene in die Tiefe der Entsagung absteigt, um das Geahnte, das Lockende zu finden zu endgültigem Bleiben und Umfangenwerden[25].

Was ist dabei das erste: daß einer spürt, wie ihm das Herz angerührt wird vom Ewigen, er ein Licht sieht, von einer Liebe getroffen, überwältigt wird – oder daß er inne wird, wie fern von Gott er lebt, wie unfrei er ist? Man kann das eine vom anderen nicht unterscheiden. Will man aber die alten Texte richtig lesen, muß man begreifen, daß immer beides miteinander zusammenhängt: Getroffenwerden von Gott und Gewahrwerden, daß man im Gefängnis sitzt, daß man nicht aufbrechen kann zu ihm hin, wenn er einen nicht befreit. Wo einer aufbricht, wo er entsagt, da ist es nur möglich aus dem ständigen Antrieb der Gnade, die sich zu erfahren gibt.

Was der *Mensch* dabei zu tun hat, ist zunächst einmal die Absage an alles, womit die Welt ihn binden kann: ihre Güter, die faszinieren, ihre Vorläufigkeiten, in denen man Wurzel schlagen möchte, ihre verwirrenden Fakten, Stimmen, Versprechungen, das Böse in ihr und auch ihre Nöte. Christliches Mönchtum sucht zwar nicht primär das Ausgelöschtsein des buddhistischen Weisen, der in das begierdelose Nirwana eingehen will. Es sucht auch nicht – wie der Hindumönch – Einswerdung mit dem außermenschlichen, rein geistigen Sein. Noch flüchtet es sich, wie der islamitische Mönch, enttäuscht vom äußeren Getriebe in pure Innerlichkeit und mystische Ekstase. Das alles kann mitspielen und hinzukommen, macht aber nicht den Kern christlicher Entsagung aus und ist also auch nicht das Kennzeichen christlichen Mönchtums. Christliches Mönchtum hört nicht vor allem in sich hinein, es horcht hin auf das Evangelium und mißt an ihm die Welt. Auf dieses Gegenüber ist es von seinem Wesen her bezogen. Was ihm freilich gerade zum Anlaß wird, aus der Welt hinauszugehen, den Umgang mit Menschen zu meiden. Denn in einer Gesellschaft, die am Evangelium vorbeilebt, in einer Kirche, die sich allzu sehr dem Staat, den diesseitigen Mächten verschreibt, hat Mönchtum im Anfang seiner Geschichte und immer wieder den Feind am Werk gesehen. Es wurde zwar darüber nicht zur Sekte, es hat sich stets neu in die Gesellschaft integriert; Mönche waren Bischöfe und Missionare, dienten den Menschen als Erzieher und Künstler, als Wegbereiter der Kultur auf vielen Gebieten. Doch konnte es nicht in diesem Dienst aufgehen; es mußte ihn als einen kritischen Dienst tun, was nicht möglich war ohne Entsagung. Deren erster Schritt aber führt stets hinaus aus der Welt. Verzicht auf Heimat, Ehe, Besitz und

Vergnügungsrecht, auf alles, was im vertrauten Lebenskreis stützt und verwurzelt sein läßt, gehörte zu diesem Protest gegen die sündige Welt oder jedenfalls die Sünde in der Welt. Entsagen im Sinn der Mönche hieß: diesen Protest mit dem Leben decken.

Im zweiten Schritt sieht man dann den Widersacher im eigenen Inneren. Der Mönch entdeckt, daß er alles lassen und doch weiter im Gefängnis sitzen kann. Er merkt, daß es sinnlos ist, sich gegen die Verweltlichung ringsum abzusetzen, im Herzen aber der Welt verhaftet zu bleiben. Welt ist nun nicht Umwelt oder Mitwelt, sondern das, was einer sich zum Götzen macht, was ihn in Besitz nimmt bis zur Besessenheit und so dem Einziggewollten entzieht. Wo der Mensch das gewahr wird, wo er das Uneigentliche und Unwahre in seinem Verhalten, seinem Denken und Wollen erkennt und darüber erschrickt, dort erst kann der Ausbruch aus dem Gefängnis beginnen, dort beginnt die eigentliche Entsagung. Da wird der Mensch noch ganz anders aus seiner Verfangenheit herausgerissen. Ohne den Anruf, der ihn getroffen hat, ohne seinen Antrieb kann er es nicht. Es geht hier ja um mehr als nur um irgendeinen Teilverzicht. Hier wird alles gefordert. Entsagen heißt auf dieser Stufe: sich sterben. Nur so wird der Mensch frei von seiner Selbstverkrümmung, in der er sich vorfindet. Niemand kann sie aus eigener Kraft überwinden. Er kann nur eines: in das Sterben seiner selbst einwilligen. Wenn die Mönche es so wollten, es immer neu versuchten in einem oft lautlosen Ringen, dessen Härte vor den Menschen verborgen blieb, dann konnten sie es nur auf das Wort hin, das sie angerufen hatte und trug. Sie lebten als Sterbende, weil sie so das Evangelium, die Nachfolge ihres gekreuzigten Herrn verstanden.

In solcher Entsagung, die ermöglicht und umfangen wird von der Zuwendung Gottes, geschieht es bisweilen, daß der Mönch völlig aus sich ausgeht und sich in Gott verliert. Das wird etwa so umschrieben, daß der Entsagende mit der geistlichen Unkenntnis, die eine Sünde ist, gebrochen hat und als ein Wissender sich aller Habe entledigt.

Er wirft das letzte Kleidungsstück des Irdischen von sich, um nackt einzutauchen in das Meer des Göttlichen[26]. Das ist die dritte Stufe der Entsagung, die das Mönchtum kennt. Ob sie von vielen erreicht wurde, kann bezweifelt werden. Auf jeden Fall lassen die Quellen erkennen, daß der Ruf, alles zu lassen auf den Einen hin, so drängend werden kann, daß der Entsagende alle Stufen überspringt und jede Reihenfolge außer Geltung setzt. Die Gnade hat ihre Gesetze und ihr Geheimnis mit jedem Menschen. Irgendwann aber leuchtet bei jedem Fort-Schritt von sich weg der lautere Grund auf; ein Licht wird ansichtig, das nicht von dieser Welt ist. »Mönch heißt einer, weil er Tag und Nacht mit Gott verkehrt und nichts als seine Dinge im Sinn hat, ohne sonst etwas auf der Erde zu besitzen«[27]. Wer das sagen kann, muß etwas erfahren haben von Freiheit und Liebe jenseits gewöhnlicher menschlicher Erfahrung. Quer durch alle »Stufen« geschieht das: im äußeren Lassen wie im inneren Ringen mit der Angst, dem Begehren und Aufbegehren; es kann sich ereignen im ekstatischen Sich-Überschreiten wie im nüchternen Jasagen zum Zwang und zur mühsamen Pflicht, zum Verfügtwerden im Leben und im Sterben. Nur ein Merkmal gibt es für die Echtheit der Entsagung: daß sie befreit zur Wirklichkeit, zur ganzen und wahren Wirklichkeit. Damit vergeht »jedes eitle Verlangen nach Weltflucht«[28]. Fremdlingschaft besteht dann darin, daß einer aus sich ausgeht, indem er sich zurücknimmt, im Reden, im Tun. Dem Nächsten absterben heißt dann: ihn nicht richten, sondern die eigene Sünde tragen. Die Welt hassen heißt: gerade nicht hassen, sondern Unrecht hinnehmen, sich bestehlen lassen und den Dieben dabei noch helfen[29], der Gewalttätigkeit in jeder Form absagen, ein Mensch ohne Habgier sein und als solcher offen für den Kontakt und das Beschenktwerden. Welt-»Haß« wird zur Rückseite der Selbstlosigkeit, zu einem anderen Namen für Liebe. Und man ahnt etwas davon, daß in diesem Befreitwerden zur lauteren Wirklichkeit Gott in einer Weise nahekommt, um seine Liebe wissen läßt, wie es nur an den Grenzen dieser Zeitlichkeit geschieht. Nicht eine schöpfungsverachtende Flucht hat das letzte Wort, sondern Zuwendung, Bejahung. Eine Welt wird bejaht, in der Gott sich zu schauen gibt »von der Rückseite«, als Licht, das im Dunkel der Entsagung frei macht und mit Liebe erfüllt.

Entsagung und Welt-Liebe

Entsagung macht fähig zum Beschenktwerden und zum Schenken. Der Entsagende, frei von sich, hat ja die leeren, offenen Hände, die insbesondere die Kreatur wieder zutraulich machen, und so kehrt die Unschuld des Anfangs wieder, und der Mensch kommuniziert mit Welt und Menschen; er erfährt in der Wüste das Paradies.
Viele Mönchslegenden berichten davon. Sie treffen eine tiefe Wirklichkeit. Alles ist da voller Frieden und Freude. Schön wie das Paradies ist der Ort, an dem die Einsiedelei liegt oder das Kloster; auch ihre Bewohner sind schön, von innen her leuchtend, weil die Gnade sie erfüllt. So ist der Mensch und die Welt eigentlich gemeint, soll das heißen. So hat ihn Gott erschaffen und über alle Geschöpfe gestellt. Und im Grund kann es also gar nicht anders sein: »Wer sich dem Urheber aller Schöpfung unterstellt hat, dem sind alle Geschöpfe zu Diensten«[30].
Es ist recht eigentlich die Wahrheit von der doppelten Sinnrichtung des christlichen Lebens, die in diesen Geschichten zum Ausdruck kommt: »Hinausgehen aus dieser Welt und eben darin Wiedererneuerung der ursprünglichen paradiesischen Ordnung in Christus«[31]. Entsprechend wird von Mönchen erzählt, die wilde Tiere zähmen, so daß der Löwe nicht mehr den Esel frißt und der Wolf das Schaf verschont. Nicht erst ein Franz von Assisi nennt Vögel und Fische seine Brüder und Schwestern. Schon in der ägyptischen Wüste gibt es die dankbare Hyäne, die dem Retter ihrer Jungen ein Tierfell bringt und über seinen Tod hinaus die Treue hält. Krokodile tragen Pachomius auf ihrem Rücken über den Nil. Und Benedikt bekommt wie der Prophet täglich sein Brot von einem Raben in die

Höhle gebracht. Man muß den Zauber dieser Bilder auf sich wirken lassen, um etwas zu spüren von dem Frieden, den diese Entsagenden gefunden haben und den sie nun ausstrahlen. Also kann der Mensch doch geborgen sein in der Welt, wenn er sie nur nicht vergötzt! Also gibt es doch Aussöhnung mit ihr, so daß man ihr etwas von der eigenen wiedergefundenen Ordnung mitteilen kann. Eine Welt, die man lieben muß: sie wird wieder zum Bilderbuch wie im Paradies, in dem alles von Gott leuchtet.

Wie die gleiche befriedende Kraft die Dämonen besiegt, die Engel herbeilockt, auf die Menschen übergeht, dafür gibt es tausend Chiffren und Symbole in den Plastiken der Dome, Krypten und Kreuzgänge, in Miniaturen und Initialen, in dieser großen Kunst, die Kosmos kennt und sinnvolle Welt verkündet. Der Mensch ist ihr Organ, wenn er über sich hinweglebt. Das ist mehr als Wunsch, das ist Faktum. Auch die Geschichte weiß, welche Strahlkraft etwa von den Eremiten ausgeht. Sie, die am radikalsten verzichten auf alles Wirkenwollen, sind die erfolgreichsten unter den mittelalterlichen Missionaren. Wie sie wilde Tiere und Dämonen in Schach halten, so stimmen sie die Barbaren um, heißt es in der Vita des heiligen Wandregiselus[32]. Sie tun es einfach durch ihr Dasein, »auf Mönchsart«. Und Mönchsart ist es auch, die Engel zu Gefährten zu haben. Man glaubt und erfährt, daß diese guten Wesen brüderlich den Entsagenden nahe sind, sie besuchen und trösten, ihnen Gottes Weisung überbringen und sie stützen. Sie singen mit ihnen und an ihrer Stelle, sie sind da bei ihren Gebeten, bleiben zur Seite, wenn sie krank sind, helfen ihnen sterben. Mag man dazu stehen, wie man will: unüberhörbar ist der helle, reine Ton, den das gibt. Er läßt etwas ahnen von der Freiheit des Sich-Lassenden, von seiner unbefangenen Zuwendung, in der er sich nicht verliert, sondern umgekehrt andere aus der Verlorenheit befreit – wie alles, was schön ist und liebenswürdig.

Womit freilich nicht alles gesagt ist. So könnte es als Idyll verstanden werden. In einer Welt, die stöhnt und deren Geburtswehen viel eher wie Qual, Verzweiflung und Todesangst anmuten, geht es nicht idyllisch zu. Dennoch gibt es in ihr wahre Freiheit. Es ist die Freiheit, von der Paulus im Römerbrief spricht. Sie verdankt sich nicht dem Menschen, auch wenn er alles tut, um sich zu überschreiten. Sie fällt nicht einfach in eine Seele hinein, die sich leer zu machen sucht vom Eigenen. Sie kommt aus Gnade. Der Geist schenkt sie, wenn er in seinem Feuer die Begehrungen des »alten Menschen« verbrennt. So macht er das Menschenherz zum schon erfüllten und seine Welt zur schon erlösten. Darum nur gibt es den Brunnen der Freude in einem entsagenden Leben. Notker von St. Gallen hat etwas davon namhaft gemacht in seinen Osterliedern. Er durchdringt dabei die kosmische Schau mit der heilstheologischen. Die ganze Schöpfung, alles Irdische und Himmlische wird einbezogen in den Jubel über die Freiheit, die aus einer einzigen Tat kommt: aus der Todes-Entsagung des Herrn. Wehrlos und nackt hat sich Christus dem Bösen am Kreuz ausgesetzt, heißt es in der Sequenz für den Ostertag; so öffnet er, der König der Könige, den Seinen auferstehend den blühenden Garten des Paradieses, den lang verriegelten[33].

Das ist kein Idyll. Für den Glaubenden ist das Wirklichkeit und die absolute Zukunft. Die Mönche nehmen sie vorweg: im österlichen Festlied wie im täglichen Dienst des Lobes, den sie »ihrem Schöpfer darbringen sollen«[34]. Da wird ausdrücklich, was aber nicht wahr sein kann ohne das schlicht gelebte und gestorbene Zurückverlieren der Gabe in den Geber hinein. So löst sich dann das Herz in einer großen Gelassenheit. Es wird weit. Es ahnt und vielleicht schaut es sogar, wie der reif gewordene Benedikt, daß die ganze Welt »verschwindend klein ist für einen, der nur ein wenig vom Licht des Schöpfers erblickt hat«[35]. In diesem Licht wird auch das Bittere, selbst Leid und Tod werden da gut und dankenswert: weil alles das frei werden hilft, Distanz gewinnen läßt vom Oberflächigen, herauskommen läßt aus dem Gefängnis des Begehrens, der Entfremdung, des Sterbenmüssens. Und dann wird alles ganz positiv. Der Welt entsagen heißt dann: ihre Freiheit aufdecken unter der Kruste ihrer Todverfallenheit. Mehr: ihr seine Freiheit mitteilen, »kommunizieren«, wie ein Bruder Franz es tat, als er, von seinem Vater verstoßen, von allen verachtet, nur mit einem Hemd bekleidet durch den winterlichen Wald ging und sang.

Entsagung heute

Wie nun geschieht Entsagung heute? Und wohin muß sie führen?

Sicher läßt sich nicht einfach nachmachen, was die Mönche vorgemacht haben. Ebenso sicher ist aber, daß die Mönche uns etwas Entscheidendes aufgezeigt haben: ohne Verzicht kann unser Leben nicht human bleiben. Nur gilt es, ihrer unüberholbaren Erfahrung zeitgemäße Formen zu geben.

Diese Aufgabe ist allerdings nicht leicht. Denn wir sind mit einem Weltbewußtsein konfrontiert, das im Vergleich mit dem frühchristlichen tiefgreifend gewandelt ist. Die Stoßrichtung heute verläuft fast umgekehrt. Damals hieß Entsagung Auszug aus dem Irdischen, Abstand vom herrschenden Gesellschaftssystem; heute sollen wir zugehen auf diese Welt, auf ihren Anspruch, ihre Last. Wer entsagen will, auch und gerade im Hören auf das Evangelium, muß sich seiner Geschichte und seinem Geschick stellen; wozu immer auch der andere gehört.

Wer freilich genauer zusieht, entdeckt sehr bald, daß das, was die Mönche mit ihrer Entsagung intendierten, auch für unsere Situation eine nicht auszuklammernde Bedeutung haben kann. Haben nicht diese Weltflüchtigen etwas begriffen und praktiziert, ohne dessen Beachtung gerade die Engagiertesten heute »flüchtig« werden? Es gibt eine Flucht vor dem realen Leben, die heißt nicht Religion oder Kontemplation, sondern Ideologie. Es gibt eine Flucht vor dem realen Du, die heißt nicht Heilsindividualismus, sondern »Vergewaltigung«. Es gibt eine Flucht vor dem realen Ich, die heißt nicht Abtötung, sondern neurotische Ichverklammerung. Haben- und Haltenwollen aus Angst, aus Gier, aus Abwehr gegen alles, was mich fordert, wird es immer geben, damals wie heute. Was aber damals im Un-

terschied zu heute sehr viel klarer war, ist die Notwendigkeit, sich zu lassen, um frei zu werden für die unverstellte Wirklichkeit.
Damals entsagte man, um von sich loszukommen. Der heutige neurotisierte Mensch will sich loswerden, ohne entsagen zu wollen. Er will frei sein, um ungehemmt der Welt und ihren Gütern begegnen zu können. Darum wird sich heute die Entsagung vielleicht vor allem darin artikulieren müssen, daß einer Abstand nehmen kann, weil er sich los-geworden ist.
Entsagung würde etwa darin bestehen, daß der Mensch nicht von seinen wissenschaftlichen Erkenntnissen und technischen Möglichkeiten Gebrauch macht, wenn unersetzliche Werte – der Friede, die Würde des Menschen, die Freiheit, die Humanität – dadurch bedroht werden; daß er nicht mehr den Kybernetiker seines Schicksals zu spielen versucht, um alles in die Hand zu bekommen und schließlich auch den Mitmenschen als Werkzeug seiner Pläne zu mißbrauchen; daß er nicht dem allgemeinen Sog des Rausches, der Sexualität verfällt, um vor der Härte des Lebens und seiner Forderungen zu fliehen.
In solcher Weise Abstand nehmen kann aber nur einer, der Mut hat zum Anspruch gegenüber sich selbst wie überhaupt gegenüber dem, was Menschsein soll und ist. Allein Mensch zu sein stellt ja schon die höchsten Forderungen, Forderungen, die durch kein Gebot mehr begründet werden können. Das weiß nur derjenige, der sich hinreißen lassen kann von einer Faszination, die selbstvergessen macht, weil Größeres ansteht und der Wunsch mächtig wird, ihm zuliebe alles dranzugeben. Wenn Studenten sich um Obdachlose, Strafgefangene, Gastarbeiter und psychisch Kranke kümmern und dabei viel Zeit und Kraft investieren, spürt man, wie tief betroffen sie sind von den Schattenseiten unserer »Wohlstandsgesellschaft«. Das führt zu einer modernen Form des Protestes gegen die Sünde in der Welt. Aber dahinter wird ein positiver Antrieb spürbar. Betroffenheit ermöglicht den Ausbruch aus dem Gefängnis – wie einst, als man das Gnade nannte.

Entscheidend bleibt hier wie auch sonst, daß die Undistanziertheit von sich, von allem und jedem, dieses typische Merkmal des heutigen Menschen, überwunden wird. Loskommen von sich und seinen Voreinstellungen macht nicht zuletzt die Toleranz, diese Kardinaltugend unserer Zeit, zu einer Form echter Entsagung. Damit ist nicht undifferenzierte Duldung gemeint, auch nicht müde Gleichgültigkeit, die jedem das Seine läßt; wohl aber, daß einer es fertigbringt, seine Maßstäbe zu relativieren, den anderen freizugeben, ihn unmanipuliert stehenzulassen. Wer das tut, zeigt damit, daß er nicht mehr ängstlich oder herrisch an sich festhält, sondern losgekommen ist von sich, »entsagt« hat.

Deutlich und überdeutlich wird in unserer Zeit, daß Entsagung den Raum des Zusammenlebens nicht auslassen kann. In seltsamer Dialektik bestätigt sich aber zugleich ein anderes, worauf nun wieder die Mönche unübersehbar verwiesen haben: daß der soziale Bereich nicht ausschöpft, was Entsagung im tiefsten verlangt und ist. Man kann in unserer Situation sehr wohl den Eindruck gewinnen, daß alles sinnlos geworden ist und sich darum kein Einsatz mehr lohnt, auch nicht im Mitmenschlichen. Entsagen würde hier heißen: nicht fliehen, sondern in dieser bedenklichen Welt um einen Standort ringen, in einer neuen Weise Mensch sein und so ein Stück Welt hinübertragen über den Abgrund. In dieser äußersten Anforderung heißt Entsagung präzise: der Sicherheit entsagen und in aller Angst zugehen auf das, was niemand mehr durchschauen kann, sich nicht aufhalten lassen im Weitergehen, einem nur mehr geglaubten Ziel entgegen.

Auch hierzu haben die Mönche etwas zu sagen. Sie hatten durchaus nicht immer einen Gott zuhanden, der ihnen Angst und Ungewißheit erspart hätte, so daß Entsagung zu einem frommen Experiment geworden wäre. Auch sie in ihrer Wüste und Einsamkeit konnten erfahren, was es heißt, durch das Verhängte zu gehen ohne Revolte und ohne zu verzweifeln, den nächsten Schritt nur zu wissen in der ständigen Entscheidung nach vorn, für das nur mehr geglaubte Ziel. Daß sie das durchzuhalten vermochten, läßt – bei aller Andersartigkeit des Wie – ihr Modell noch nicht zum alten Eisen gehören.

Entsagung – worauf zu?

So scheint schließlich nur im Blick nach vorn, auf ein Ziel hin Entsagung sich im Kern zu erschließen. Sie ist nicht rückwärts gewandt, man faßt ihr Gültiges nicht, wenn man auf das schaut, was sie kostet. Wohin sie führen muß, das ist daher die wesentliche Frage, damals wie heute. Und damals wie heute heißt die Antwort: sie muß dahin führen, daß man ohne Ausflucht zugeht auf die Wirklichkeit, die immer schon auf einen zukommt; daß man nur vor einem flieht: vor dem, was blind und taub macht gegenüber ihrem Ruf. Wem es darum zu tun ist – und das Echo, das etwa Zeugen dieser entsagenden Tapferkeit wie A. Solschenizyn oder A. Camus wecken, zeigt, daß es nicht wenigen darum zu tun ist –, wer also sich entschließt, unbeirrbar Mensch zu sein, der tut bereits den ersten Schritt aus sich heraus; er hat begonnen, zu entsagen.
Nennen wir als Ziel, als Wirklichkeitsanruf: Glück, Freiheit, Menschlichkeit für alle, Paradies; sagen wir Zukunft, Hoffnung, die sich erfüllt – das will jeder. Ob es aber gelingt, ein schier lückenloses Netz von Konsum und Information, von Zwängen und Angepaßtheit zu durchstoßen, in der Konzentration auf das, was einem wesentlich ist? Und selbst wenn einer hochherzig gleichgültig geworden wäre gegenüber dem, was ihm nützt, wenn er nicht mehr als einzigen Maßstab sein eigenes Wohlergehen gelten ließe: wird es zur Übergabe kommen an den, der die wahre Freiheit anruft und mächtig wird, wo immer der Mensch auf ihn zugeht? Das weiß keiner.
Und so bleibt schließlich doch der Zweifel, ob von Entsagung im Vollsinn die Rede sein kann, solange nicht Gott als das Herz aller Wirklichkeit und als Ziel in den Blick kommt. Alles andere lohnt zuletzt doch nicht. Je aktiver man sich engagiert in dieser Welt, um so mehr läuft man

Gefahr, das aus dem Blick zu verlieren. Es wäre also gut, wenn der überbeschäftigte Mensch von heute – und mehr oder weniger ist das jeder, solange das Leben ihn noch nicht entlassen hat, krank, alt oder sonstwie untauglich – nicht ganz die frühen Entsager vergessen würde. Sie haben unter Beweis gestellt, daß man Verzicht nicht säkularisieren kann; sie haben seine genuin religiöse Wurzel aufgedeckt, ihn vorgelebt als eine unaufgebbare Weise, Gott zu suchen. Genauso haben sie aber vorgemacht, was Menschsein kostet. Sie nannten es ihrerseits: in festem Glauben »täglich für das Leben sterben« (Diadochos von Photike).

3. Kapitel:

Der hellhörige Mensch

Wer sich selbst entsagt, schafft Raum und Stille für das Wirkliche. Er kann es unverstellt an sich heranlassen, ohne es nach eigenem Diktat zurechtzubiegen. So kann er auch den anderen um seiner selbst willen, als den anderen sehen, hören und erkennen. Wenn die Mönche um Gottes willen die Entsagenden wurden, schafften sie damit die Voraussetzung zum Hören bis in seine letzte Dimension: sie wurden Gott-Vernehmende. Weil Er das einzige Gut für sie war, der Wert und das Wirkliche schlechthin, über dem sie sich selbst vergaßen, vernahmen sie seine Gegenwart, seine Stimme und Anrede, wo andere noch gar nichts hörten. Man kann sie deshalb geradezu die Hellhörigen nennen.

Was ist Hellhörigkeit?

Nicht schon irgendein Hinhören macht das Wesen der Hellhörigkeit aus. Man kann hinhören, ohne wirklich zuzuhören. Der Zerstreute, mit sich Beschäftigte, der nur Höfliche, nur scheinbar Interessierte nimmt nicht eigentlich auf, versteht nicht. Vielleicht liegt es daran, daß ihn nichts trifft von dem, was da gesagt wird. Es geht so vorbei, ohne daß er aufhorcht. Vielleicht fehlt überhaupt das Hörvermögen, diese Antenne dafür, daß alles worthaft ist, einen Sinn birgt, den man erlauschen kann. Wer in dieser Weise taub ist oder doch schwerhörig, wird die Richtung kaum einhalten oder finden können. Und andererseits wird er auch nicht gewarnt, nimmt er sich nicht in acht vor dem, was bedrohlich, oft verschwiegen, auf ihn zukommt aus allem, was vernehmbar geschieht, aber nicht eindeutig ist.
Der Hellhörige hingegen ist ganz Ohr. Er hört, was viele überhören: auch die Zwischentöne, auch die falschen Töne. Er hört das Unausgesprochene: Bitte, Verlegenheit, Vor-

wurf, Eingeständnis. Er hat ein waches Gespür, stöbert einen auf in seinem Versteck, kommt einem hinter die Schliche, auch hinter verschwiegenste Bedürfnisse. Er hört heraus, wo ihm selbst Hilfe entgegengebracht wird, Verständnis oder auch behutsamer Rat. Doch ebensowenig, wie gesagt, entgeht ihm das Ungute und Unechte. Dabei kann es so weit kommen, daß einer nur mehr die Ohren spitzt und das Abschalten verlernt. Dann wird Hellhörigkeit zur überwachen Neugier, zur unersättlichen Sensationslust. Oder sie macht mißtrauisch und argwöhnisch; man wittert überall Schlechtes. Oder der Mensch wird so verletzlich, daß er schutzlos allem preisgegeben ist und sich an alles verliert.

Hellhörigkeit ist also ambivalent. Es kommt darauf an, was einer daraus macht. Uns geht es hier um Hellhörigkeit für das Gute, die wach ist für seine Realität und für die Chancen zu seiner Verwirklichung. Schließlich kann nur einer so hören, der etwas erwartet, was mehr ist als Oberfläche, Nutzfläche und Fakten. Nur wer glaubt an das »mehr« in den Dingen und Menschen, wer darauf hofft, kann es vernehmen, ahnt etwas von dem, was in allem verborgen ist. Alles Wirkliche hat ein Herz, das weiß der Hellhörige. Er legt das Ohr daran und hört es pochen.

Das bedeutet aber, daß ihn auch stets neu der Anruf trifft, der aus der Tiefe kommt. Ob einer hellhörig ist, entscheidet sich daran, daß er dann aufmerkt, ansprechbar wird; daß er sozusagen mit allen Sinnen hört und auch dort, wo er gefordert wird, sich nicht taub stellt.

Bei den Mönchen in die Schule gehen?

Wer weiß, wie hilflos man sein kann im Stimmengewirr, wie angewiesen auf ein Orientierungsvermögen in dieser faszinierenden und zermürbenden, lärmenden und zugleich stummen Welt, der schaut sich um nach solchen, die sich zurechtfinden, weil sie die Lärmkulisse, das Vordergründige durchstoßen können. Wird er sich nach den Mönchen umsehen? Die Frage klingt fast absurd, so weit ab

liegt deren Weg von unseren Straßen und Interessen. Aber liegt er wirklich so weit ab? Geht es nicht auch heute darum, durch das Oberflächige sich nicht abbringen zu lassen vom Hinhören auf das, was dahinter liegt, bis hin zum Tiefsten, was herauszuhören ist: Gott in allen Dingen?
Jedenfalls ging darauf das Suchen der christlichen Mönche im Anfang ihrer Geschichte. Es ist ihr Thema geblieben bis auf diesen Tag. Dazu wurde seit je einer Mönch: daß er es lernen möchte, so zu hören. Dazu ging man fort in ein oft jahrelanges Schweigen in der Einsamkeit, in der Schule eines Erfahrenen, in einer Schar miteinander Suchender. Man wollte das Vordergründige, Uneigentliche abtun, nicht zuletzt im eigenen Wesen; man wollte unverwechselbar das Herz aller Dinge, die Mitte der ganzen Wirklichkeit: Gott vernehmen und sich seiner Anrede stellen.
Das ist der Kern. Er bleibt unüberholbar, wie sehr wir heute auch wissen, daß es eines langen Weges bedarf durch die Realitäten des Lebens hindurch, weil Gott in Christus dem Menschen dort begegnet, wo er lebt: in seiner Welt, in seinem Verstehenshorizont, in den Anforderungen und Gegebenheiten, mit denen sich ein jeder und alle zusammen Tag für Tag abzugeben haben. Auch wissen wir heute, und es läßt sich nicht vertuschen, daß Gott kein gegenständliches Gegenüber ist, mit menschlich hörbarer Stimme, mit Leibesohren wahrnehmbar. Aber das ändert nichts daran, daß Gott die eigentliche »Sache« der Wirklichkeit ist und der Mensch, bewußt oder nicht, ihn suchen muß, wenn anders er bestehen will.
Aus diesem Grunde ließe sich auch für den heutigen Menschen etwas von den Mönchen lernen. Wo immer einer steht, was immer sein Auftrag sein mag: es kommt darauf an, Ihn herauszuhören, auf Ihn hin die Wirklichkeit abzuhören, hineinzulauschen in das Stimmengewirr und die eine auszumachen, ohne die alles sprachlos bleibt und ohne Sinn. Indem die Mönche auf diese eine Stimme setzten, einseitig und alles übrige zurücklassend, haben sie eine Spur gezogen. Man wird gut tun, sie zu beachten, auch wenn der eigene Weg anders verlaufen mag.

Fragt man im einzelnen, was die Überlieferung der Mönche dafür hergibt, daß einer heute »hellhörig« sein kann, lassen sich vielleicht drei Verhaltensweisen herausgreifen. Zuerst das Bemühen, *sich zum Schweigen* zu *bringen* (die Mönche nannten es »apatheia« oder »puritas cordis«); Hand in Hand damit die *Einübung ins Hören,* das Grundanliegen der »disciplina«. Und schließlich die *Entscheidungsfindung,* deren Voraussetzung als »diakrisis«, »discretio spirituum«, *Unterscheidung der Geister* zum Unaufgebbaren im Mönchtum gehört.

Sich zum Schweigen bringen (apatheia, puritas cordis)

Wenn die Alten das Gegenteil von Lärm und Verwirrung kennzeichnen wollten, sprachen sie von »apatheia«[36]. Dann hatten sie einen Menschen vor Augen, in dem es still geworden ist und von dem Stille ausgeht, weil er sich zum Schweigen gebracht hat. Wie schwer das ist, sich zum Schweigen zu bringen, wie notwendig auch, damit das vielstimmige Auf und Ab im Umkreis und im Herzen nicht verhindert, daß einer zu sich kommen, er selber werden kann, das weiß jeder, der es versucht hat, einmal, oft, immer wieder und dann vielleicht nicht mehr. Da mag es an äußerer Stille gefehlt haben, man war kaum je allein und hat es schließlich aufgegeben. Um so mehr hat man sich abgeriegelt, eingeschlossen in dieses Gefängnis, dieses Un-Gemach des engen eigenen Horizontes, bis zur Unfähigkeit, herauszukommen aus dem, was einer für sich will, anstrebt oder ausläßt, fürchtet oder hofft. Da hört der Mensch nur mehr, was aus ihm kommt, und das ist oft ein wildes Durcheinander. Mit der Zeit macht das taub. Und wenn das Gewirr von außen hinzukommt, geht vollends die Mitte verloren, in der das alles geklärt werden kann. Es gibt keine glückliche Tiefe mehr, aus der ein Leben seine Melodie finden könnte. Ruhe und Offenheit zum Hinhören fehlen, der Mensch ist ausgegossen und zugleich isoliert, der Rhythmus von Sammlung und Streuung verstört. Gerade das, sagen die Mönche, muß der Mensch in Ordnung bringen. Soweit er es in seiner Anfälligkeit gegen die Stimmen von überallher überhaupt kann, muß er sein Herz zum Schweigen bringen. Damit ist kein fühlloses, aber ein festes Herz gemeint. Das wird nicht mehr hin- und hergerissen von ungefilterten Eindrücken, vom eigenen Habenwollen und der Angst, von dem vielen, was uns heute so und morgen so reagieren läßt. »apatheia« ist eine Stille wie in einer sternklaren Nacht, die voller Geheimnisse ist. Apathische Uninteressiertheit oder dumpfe Bravheit, beides ist etwas ganz anderes, mag auch im Lauf der Zeit das ursprünglich Gemeinte sich in diese Richtung verengt haben. Der Martyrer ist »apathes«, der »Geistträger« ist es. Und wenn man das von ihnen sagt, meint man etwas ganz und gar Positives: daß sie nämlich leuchten von einem stillen Angerührtsein, von der einzigen Leidenschaft, Gott zu gehören.

Das gleiche ist gemeint, wenn Johannes Kassian und viele mit ihm von »puritas cordis« sprechen, vom reinen Herzen. Nicht nur Lauterkeit gehört dazu, blanke Geradheit und Unverstelltheit, sondern die pure Aufmerksamkeit. Das ganze Wesen muß Aufmerksamkeit sein, im Grund gibt es nach Kassian nur dieses eine Ziel für Mönche. Das Nahziel: sich zum Schweigen bringen, kann seinerseits nur erreicht werden im größeren Horizont, wo es nicht um Bewußtseinsleere, Nichtung, Versenkung geht, sondern um Wirklichkeitskontakt, um das Von-sich-Weghören in der Hinbewegung auf Gott. Kassian nennt diese innerste Aufmerksamkeit beim Namen: er nennt sie Liebe. Was aber ist die Liebe?

Charakteristisch genug verweist Kassian auf 1 Kor 13; dort sei sie beschrieben, Gottes- und Menschenliebe in einem. Und genau das sei auch »puritas cordis« und »apatheia«. Nicht eifern, nicht prahlen, sich nicht aufblähen, nichts Ungehöriges tun, nicht das Seine suchen, nichts Schlechtes denken und all das übrige, das Schlichte und Alltägliche – darin zeigt sich die Aufmerksamkeit des selbstlos gewordenen, zum Schweigen gekommenen Herzens. Doch alles das bedeutet nichts anderes und zielt auf nichts anderes, als daß der Mensch dieses Herz »Gott immerzu darbietet«[37]. So erst, im Sich-Gott-Darbieten kommt der Mensch überhaupt zum Schweigen. Was sich erweist und festigt im Rechtverhalten dem anderen gegenüber.

Wie also wird der Mensch frei von sich und damit fähig, wahrzunehmen, was ist: den andern, die Ordnung des Zusammenlebens, schließlich die Tiefe in allem, das Gottgeheimnis in der Welt? Gleichsam nebenbei, sagen die Mönche. Eingebettet in das Größere, in das Sich-Mühen um die Liebe. Genauso lang muß er sich ausstrecken nach der »apatheia«. Fasten, Nachtwachen, Zurückgezogenheit, harte Arbeit, Sich-Plagen im Gottesdienst, sparsames und besonnenes Reden, solche und andere Mittel werden von Generation zu Generation weitergereicht, sie haben ihr Hilfreiches bewiesen. Aber mehr als Mittel sind sie nicht. Schon Kassian relativiert sie. Nicht einmal die Tugend der Schweigsamkeit gilt als Ziel, nur die Liebe. Und das heißt: die Aufmerksamkeit des Herzens, das nicht mehr loskommt von seinem Gott; das aus dem Stillwerden ins Gestilltsein einmündet; das glücklich ist, weil unbesorgt um die Richtigkeit des eingeschlagenen Weges; das eben so für Gottes Anrede hellhörig sein kann, wo immer diese ergeht.

»apatheia«, »puritas cordis« sind Namen dafür, daß einer disponiert ist für Gottes Anrede. Zugleich zeigen sie aber an, daß Gott hier bereits gesprochen hat. Es ist ja keine Frage: Wenn Gott ihn nicht anredet, ist der Mensch nur Wüste, kann er selbst da, wo er sich zum Schweigen bringt, nicht hören. Gott, nicht der Mensch, macht, daß einer hören kann. Gott öffnet das Ohr und löst das Herz, das anders nicht die Richtung finden und halten kann auf seinen Herrn.

Das ist das alles Entscheidende, das eigentliche Geheimnis der Hellhörigkeit. Und doch geht es wiederum nicht ohne die Mühe des Menschen. Das Hören muß eingeübt werden, so sehr die ergehende Rede vorgängig ist. Der Mönch, getroffen von ihr, muß genauer hören. Allein die Möglichkeit, daß sie noch einmal, daß sie anders ergehen kann als das erstemal, läßt ihm keine Ruhe mehr. Wie Samuel kann er nicht mehr schlafen. So wird er zum Lernenden, zum Schüler (discipulus) in der Schule des Wortes[38].

Einübung ins Hören

Wie geht das zu, daß einer hören lernt in der Schule des Wortes? Das ist die Frage des beginnenden Mönches, sie steht in unser aller Raum.

Der Mensch merkt zunächst, daß er nichts hört – nichts von dem, worauf es ankommt. Er merkt es, weil das Wort an ihn ergangen ist, ihn getroffen hat. Seitdem ist ihm die Welt verändert. Was er bisher zu wissen, zu hören meinte, ist das Hinhören nicht wert. Was es aber wert ist, das kann er nicht hören. Er merkt, daß er nicht weiß, wie Gott spricht.

So kommt er, um zu lernen, wie Gott sich zu verstehen gibt. Das lernt sich nicht von heute auf morgen. Wie ein Analphabet muß der Eintretende buchstabieren lernen, bis er das göttliche Alphabet entziffern kann. Das ist der Anfang der Wissenschaft von Gott. Sie ist ganz eigener Art. Man lernt sie nicht, ohne daß man zugibt: Aus mir weiß ich es nicht. Wer das zugibt, kann in die Schule des Wortes kommen. In ihr geht es nicht um Theorie, um Sachwissen und intellektuelle Bildung, sondern um Weisheit. »Schule für den Dienst des Herrn« nennt sie die Benediktusregel[39]. Und wenn dem Mönch dort als erstes gesagt wird: »Höre her«[40], dann wird er aufhorchen wie einer, dem eine Tür aufgetan wird, die er von außen her nicht öffnen kann.

Damit setzt ein Lernprozeß ein, der ein Leben lang dauert. Es ist ein Reifungsprozeß mit all dem Unvorhersehbaren, Geheimnisvollen des Lebendigen. Dennoch gibt es ein Programm. Dessen erster Punkt: Der Schüler muß sich einlassen auf die vorgegebene Ordnung.

Im Grund tut das jedes Kind. Es macht nach, was die Eltern ihm vormachen. Vieles versteht es nicht, sieht noch nicht, was das für einen Sinn hat. Aber es wächst so in den Raum hinein, in dem es leben kann, und im oftmaligen Tun geht ihm langsam auf, was es damit auf sich hat. – Wer begriffen hat, daß er aus sich nichts weiß, wird sich dafür nicht zu schade sein. Um so mehr, sobald er spürt, daß er damit den ersten Schritt tut auf das Hörenkönnen zu. Im Sich-Einfügen hört er ja von sich weg und fragt nach dem, was nicht er festgelegt hat. Niemand verdankt alles seinem Innern, er muß empfangen und lernen von denen, die vor ihm und um ihn sind. Das ist ein Gesetz des Menschenlebens; das Mönchtum hat es in seiner Weise überdeutlich gemacht. Daß der Lernende in der Schule für den Dienst des Herrn schauen soll auf das, wozu ihn die gemeinsame Regel und das Beispiel der Älteren anhalten, daß er das Gesetz übernehmen muß, unter dem er seinen Dienst zu tun hat[41], solche und ähnliche Weisungen intensivieren, einseitig und gerade so eindeutig, was zur Reifung des Menschen überhaupt gehört.

Damit aber die regelgemäße Ordnung einweist in das Hörenkönnen, muß sie für den, der sie einhält, mehr sein als bloße Norm und Spielregel: sie muß zum Raum werden, in dem gelebt, gekämpft und gelitten wird, in dem einer wirklich sein ganzes Wesen abgeben kann, weil er es gefunden, in seine Vollgestalt entfaltet hat. Dazu braucht er aber einen Lehrer. Das ist der zweite Punkt in diesem Lernprozeß. Der Schüler muß zu einem gehen können, den er fragen kann: um Rat, um Deutung, um Beurteilung, um das »Wort für mich«. Das »Rhema« ist eine solche Weisung, der Schüler erbittet sie von einem, dem er sein Vertrauen geschenkt hat, dem er sich eröffnet hat, weil er ihn vom Geist erfüllt glaubt. Ein solches »Wort« hat bisweilen erschütternde Kraft. Es springt ihn an, bricht ihn auf, zerbricht die Maske seines Scheinwissens, seiner Taubheit gegenüber dem, was ist. Dann erfährt er unmittelbar, daß ohne das Rauhe und Harte nicht zu Gott zu kommen ist[42], daß er aber jetzt erst recht aufhorchen und hinhören soll. Der geistlich Erfahrene weiß das und kann es ihm zeigen. Und indem er ihm solche und andere Erfahrungen deutet oder auch zumutet, führt er ihn darin ein, wie Gott spricht und wie er hinhorchen muß auf das Wort, ob es nun im

Vorgegebenen oder in der gezielten, ihn meinenden Anrede ergeht.
Das Herz dieses Lernprozesses aber ist der Umgang mit dem Wort der Schrift. »Ein nicht tauber Hörer des Evangeliums« zu sein[43], darum geht es in dieser Schule des Wortes. Ein hoher Anspruch, eine totale Forderung! Denn das Wort will den ganzen Menschen. Er darf es nicht nur aufnehmen wie irgendeinen Text, den man liest oder hört, auswendig lernt und zitieren kann: das Wort muß sich ihm ins Innerste hineinsagen. Er muß es sich einverleiben, wie man etwas ißt und kaut. Wer es hören will, muß es murmeln und wieder kauen (ruminare), muß seine Schale aufbrechen und sich von ihm aufbrechen lassen; er muß es lieb haben und wie ein Kleinod von allen Seiten beschauen, es hin- und herbewegen im Rhythmus des Atems, im Auf und Ab der Gestimmtheiten und Eindrücke. Das Wort muß ein Stück seines Lebens werden, einwurzeln im Herzen, wachsen aus seiner Substanz; es muß den Hinhörenden mehr und mehr ausfüllen, ihn bis zum Rand erfüllen wie eine Melodie, die anhebt und aufsteigt und schwingt und durchströmend verwandelt und schließlich zu klingen beginnt. Dann tut der Mensch das Wort.
Was geschieht, wenn einer sich dem Wort Gottes ausliefert, gehört zu den Vorgängen, die kaum zu beschreiben sind. Doch sind sie zu belegen. Sie bestimmen den Tagesrhythmus des Mönchslebens. Das eigentliche Werk des Mönches ist es ja, daß er »Tag und Nacht« mit dem Wort zusammenbleibt. Dazu hat er sich zurückgezogen und mit Gleichgesinnten zusammengetan[44]. Umgang mit dem Wort geschieht im oftmaligen Psalmodieren, in der »göttlichen Lesung«, in der »Gott redet«, im stillen Gebet, in dem einer mit Gott redet[45]. Wie immer diese Übungen im einzelnen festgelegt werden, wohin auch der Akzent gelegt wird: auf den gemeinsamen Chordienst, auf die Schriftlesung, auf das Gebet des einzelnen in der Stille und Spontaneität des Herzens, der Dreierschritt bei dem allen muß heißen: Hinhören – Gottes Stimme gegenwärtig wissen – das Wort tun. »Höre, Israel, die Weisungen des Lebens,

nimm sie mit allen Ohren auf, damit du erkennst, was zu tun ist«, dieses Anfangszitat des Liber Orsiesii aus Baruch 1, 1 hat seine Entsprechung in dem berühmten Beginn der Benediktusregel: »Hör her, neige das Ohr deines Herzens... und tu (was du hörst) mit ganzer Kraft.« Immer mündet das Hören in die Vertrautheit des Wortes, das auf Verwirklichung hindrängt. Der Mönch muß mit ihm umgehen, bis er davon lebt, bis sich sein Leben am Wort verwandelt und lichtet und er erkennt, was zu tun ist.

Was Regel und Abt dabei tun sollen, ist die Hilfestellung der authentischen Verdeutlichung. Sie aktualisieren das Wort für den Alltag. Sie machen konkret, was die Schule des Wortes vom Wesen her ist: eine Schule des Gehorsams. Kaum irgendwo zeigt sich die Grundstruktur des Hörenlernens im Tun so klar wie hier. Anordnungen und Befehle, die befolgt werden, auch wenn sie einmal nicht ganz einsichtig sind, machen den tieferen Grund ansichtig, aus dem dann der Gehorsam kommt. Er gründet im Ernstmachen mit dem Jüngersein, mit diesem Hinterhergehen ins Ungewisse, aber Verheißene, er kommt aus diesem Urimpuls des ein für allemal vom Wort Getroffenen, der seitdem »nichts Lieberes hat als Christus«[46]. Um Lebenskontakt mit Christus geht es ja bei allem Hinhören auf das Wort. Wo er zustande gekommen ist, wo einer »bleibt« im eigentlichen Wort wie dieses in ihm (vgl Jo 15, 4; 14, 21), wo einer somit ein »Schüler des Wortes«, »Verbi discipulus« geworden ist[47], da drängt diese Wahrheit in den Vollzug, wo immer das sein mag. Auch Antonius wußte nicht, was die Rede an den reichen Jüngling letztlich bedeutete; er wußte nur, daß er sie tun mußte. Das Vernommene tun heißt zugleich: tun, um zu vernehmen. Und so wird Folgen im Sinn des Evangeliums und also auch der frühen Weisungen und Regeln in einer Weise richtig, die sich der rationalen Einsicht entzieht. Wer gehorchte, auch dort, wo er nichts sah oder anders urteilte, war nach Ansicht der Mönche nicht der Dumme, sondern ein Weiser. Sein Tun war hellhörig, noch ehe er hören konnte. Er reagierte darin wirklichkeitsgerecht. Und indem er gehorchte, erfuhr er

oft genug, wie Gott ihm das innere Ohr auftat, ihn hellhörig machte zum Vernehmen für ihn.
So greift die Einübung des Hörens aus auf die Breite und Tiefe der Existenz. Man nannte es damals nicht so. Aber man wußte sehr genau, was die Schrift meint, wenn sie den Nachdruck legt auf das Tun der Wahrheit. Man wußte, daß sich nur so der Jünger des Wortes erweist. Hellhörigkeit und Verfügbarkeit gehören zusammen. Einübung ins Hören heißt ein Tun erlernen, das gehorsam ist, dem Anruf des Bruders nicht anders als dem letzten Kommen des Herrn.

Sich-in-Frage-stellen-Lassen

Vom Wort selbst wird der Hörende hineingewiesen in das konkrete Leben. Die Weisungen der Väter folgen nur dieser Strömung. Sie verdeutlichen das Wort der Schrift in einer zwar eingegrenzten, aber realen Welt. Und wer das Gesagte tun will, muß es real tun, im Sich-Einlassen auf eben diese Welt.
Dabei wird er gewahr nicht nur, wie das Evangelium ihn begleitet; er merkt auch, wie das Leben selbst ihm zur Schule wird, in der er hören lernt. Alle Ereignisse, die Menschen, mit denen er umgeht, die Mühen und Freuden, die er mit ihnen und durch sie erlebt, Mittagshitze und nächtliches Grauen, Kälte und Hunger, Ermattung und Stärkung, alles bedeutet etwas, trägt ihm Gottes Stimme zu, übt ihn ein ins Hören.
Nicht zuletzt geschieht das dadurch, daß das Leben ihn ständig in Frage stellt. Wer sich nicht dagegen abschirmt, bleibt nicht ungeschoren. Er »bekommt etwas zu hören«. Das Leben hält nicht nur Bestätigung bereit. Menschen, Gegebenheiten, Methoden sind oft genug anders, als man sich das dachte. Sie können auch die Stoßrichtung haben, einen gezielt zu ändern. Das rüttelt an der Position, die man gewonnen hat, an der Sicherheit, die man behalten will. Vielleicht bringt es die heimliche Absicht auf den Prüfstand. Es ist so, wo konkret gelebt wird und miteinander

zurechtzukommen ist, es braucht keine böse Absicht zu sein. Aber die Anfrage kann doch ganz direkt an mich herankommen: ob meine Richtung stimmt; wie es steht mit meinen Leitbildern, meiner Berufung; mit der Ehrlichkeit meiner Hilfsbereitschaft, meines Widerstrebens, meiner Gefügigkeit; mit meiner Treue; mit meinem guten Namen und was er mir wert ist; mit dem, was für mich wirklich verbindlich ist, wofür ich unter Umständen alles hergebe.
Dergleichen (es kann auch aus dem eigenen Inneren kommen) verunsichert den Menschen. Wenn er sich nicht entzieht, zwingt es ihn, genau hinzuhören, treibt es ihn heraus aus seiner Selbstgenügsamkeit, wird er plötzlich auf neue Weise hellhörig. Er muß klar bekommen, was er eigentlich will und soll; er muß es herausklären in der Auseinandersetzung. Ja vielleicht muß er ganz neu ansetzen, jenseits der ihm vertrauten oder der üblichen Denkbahnen, wie einer, der mit einemmal hinter Verschlüsseltes kommt.
In der Mönchsspiritualität spielt das eine große Rolle. »Worin besteht euer Handwerk?« fragt Abbas Lukios Brüder, die ihn in der Wüste besuchen. Die Antwort klingt sicher: »Wir rühren mit keinem Finger an ein Handwerk, wir beten unaufhörlich, wie der Apostel sagt.« Darauf der Abbas: »Eßt ihr nicht? Schlaft ihr nicht? Wie steht es also mit eurem unablässigen Beten?« Und wie die Antwort ausbleibt, die schonungslose In-Frage-Stellung: »Ihr tut nicht, was ihr sagt«[48]. – Solche Kritik, die den Boden unter den Füßen wegzieht, gilt als unerläßlich. Man nennt sie nur anders: spricht vom Gericht, dem man sich in jedem Augenblick überantwortet wissen muß; vom fremden Urteil, nach dem der Mönch sich richten, dem er es überlassen soll, ob er recht getan hat oder nicht. Zur Wachsamkeit wird aufgefordert, weil niemand wissen kann, wohin der Weg führt, auch wenn er noch so übersichtlich scheint. Es ist die Rede von Selbstanklage und Bußgesinnung, von ständiger Bereitschaft zur Umkehr, vom Angewiesensein auf Gott und die Brüder, Demut genannt und Gehorsam. Im Grund bedeutet das alles nichts anderes als die Willig-

keit, sich in Frage stellen zu lassen; weil alles davon abhängt, daß man heraushören lernt, was man soll in jedem Augenblick.
Nicht zuletzt gilt das in der prekären Situation, wenn einem Unrecht geschieht. Sich in Frage stellen lassen ist dann besonders schwer. Man möchte um sich schlagen, aber gerade da soll man geschehen lassen. Die Benediktusregel hat darüber einen langen Passus (im 7. Kapitel). Es ist, heißt es da, wie wenn man sich ins Feuer werfen läßt oder auch: wenn man in die Schlinge gerät. Das Silber wird reingeglüht, wenn es im Feuer bleibt, die Schlinge würgt ab, was uneigentlich ist. Bilder, die auf das weisen, was jeder aus Erfahrung kennt: wie schwer das ist und wie es dabei aufs Ganze geht. Was wird da eigentlich in Frage gestellt? Ob einer weiter hergehen will hinter dem, der sein Gesicht nicht abgewandt hat von den Schlägern, der im ungerechten Gericht zu Tode gekommen ist. In Frage gestellt wird, ob einer wirklich Christus gehört. Geschieht das durch Menschen? Vordergründig: ja. Aber es kann sein, daß einer, den dieser Frontalangriff aus aller Taubheit aufscheucht, plötzlich mit neuen Ohren hört, was er tausendmal schon gebetet hat: »Du hast uns geprüft, Gott, wie im Feuer ... *Du* ließest uns in die Schlinge geraten«[49]. Das ist nicht schlechter Stil, der hinter allen Ecken die göttliche Vorsehung am Werk sieht. Sondern da hat das Leben zum Hören eingeübt. Und der Mensch gerät in seine Wahrheit und gibt zu: »Ich bin eine Null – ich weiß nichts mehr«[50]. Aber gerade so, wenn ihm Hören und Sehen vergeht, kann er endlich hören. Und er weiß nun, wer ihn zuletzt in Frage stellt, damit er für das aufgebrochen wird, worauf es ankommt.
Wer das noch nie erfahren hat, argwöhnt hier fehlende Standfestigkeit, Mangel an Vitalität. Aber am echten Nullpunkt geht es um andere Dinge. Da realisiert der Mensch, was es heißt: sich aufgeben auf die Anrede hin. Das hat einer getan, als er Mönch wurde. Aber jetzt fängt er an zu ahnen, was er getan hat. Erst jetzt hört er, wie der Ruf wirklich klingt: im Schallraum nämlich seines Daseins.

Aus sich weiß er nichts mehr, er ist völlig angewiesen auf das Hören; und in dieser Angewiesenheit überläßt er sich dem Wort. »Wohin gehst du?« stellt Satan den jungen Martinus auf die Probe, in Frage. Der entscheidet sich für das Risiko der Jüngerschaft: »Wohin der Herr mich ruft«[51]. Er hat keine Sicherheit für den nächsten Schritt. Er muß ihn tun im Hinhören. Aber bei jedem Schritt erfährt er, daß und wohin der Herr ihn ruft.

So erst wird einer wirklich »Schüler«: im Offenen, im nie abgeschlossenen Hinhören auf den unberechenbaren, doch ergehenden Anruf. Dazu soll die Schule für den Dienst des Herrn einüben, dazu reif machen: daß einer ausgeht aus allem Bescheidwissen, um hinhörend zu verstehen. Was auch das andere mit sich bringt: daß einer lebt, indem er fragt.

In der Frage leben

Nicht die quaestio der Schulwissenschaften ist damit gemeint. Sie führt gerade nicht zum Hören. Wenigstens wird sie unter dem Titel der unverbindlichen Theorie, des Wissens um seiner selbst willen von den Mönchen abgelehnt. Deren Frage, auch in der Theologie, sucht nicht zu begreifen, sie will verehren. Sie sucht den Lebendigen, nicht seine Definition. Dabei stößt sie auf die Fragestruktur alles Wirklichen, sie verstummt vor dem Unhörbaren in ihm und endet doch nicht davor. Verstummend schafft sie sich Ausdruck in leisesten Gebeten, wie etwa in der ältesten Antiphon zum 18. Psalm, die zu Benedikts Zeiten noch in Gebrauch war: »Non sunt loquelae« ... »Kein Sprechen ist, keine Rede, unhörbar bleibt die Stimme«. Doch obgleich diese Frage erfährt, daß alle Erfahrung hienieden zu kurz greift, kann sie doch nicht ablassen, weiter hinzuhören. »Das entscheidende Wort ist schließlich nicht mehr quaeritur (fragen), sondern desideratur (verlangen)«, schreibt J. Leclercq zu Bernhards Theologie[52]. Es gilt für die ganze Mönchstheologie, es gilt für alles Fragen in diesem hinhörenden Leben. Die Frage wird zur Suche des Herzens, das die ewige Stimme im Innersten kennt und nicht leben kann ohne sie: nicht recht – es braucht ihre Weisung; nicht voll – es braucht ihre Kraft. Es will sie verkosten, auch wo sie sich verschweigt: es richtet sein ganzes Sinnen auf den Herrn.

Entscheidung durch Unterscheidung

Aber wiederum: weil die Stimme nie weltlos ergeht, weil sie noch in der Schrift verflochten ist ins Menschlich-Allzumenschliche, so daß man Gott bitten muß, »daß er uns in der Wahrheit seiner Schriften unterrichte« (Victor v. Capua); weil außerdem ihr Empfang immer wieder gestört wird durch die Nebenstimmen und die Trennschwäche des eigenen Herzens, darum genügt das bisher Angedeutete noch nicht. Hellhörigkeit im Sinne der Mönche zeigt sich erst ganz in der Entscheidungssituation: dort also, wo ein Mensch sich herantasten muß an das, was richtig ist, wo er es treffen muß, ohne bis ins letzte sicher zu sein, wo er vielleicht nur im Absprung Gewißheit erlangen kann. Wer sich darauf eingestellt hat und darin geübt ist, die Wirklichkeit abzuhorchen auf ihre eigentliche Sache hin, der hat hierdurch eine äußerst wichtige Hilfe: er kann unterscheiden.

Die Überlieferung spricht von Unterscheidungskraft, »diakrisis«, »discretio spirituum«. Sie ist nach dem Neuen Testament ein Charisma, eine Gabe des Geistes. Und die Geschichte des Mönchtums kennt die Großen, denen diese Gabe zum Dienst und Nutzen aller in außerordentlicher Weise zur Verfügung stand[53]. Aber man wußte auch immer, daß im Grund jeder Christ sie betätigen muß. So fordert schon Paulus (1 Thess 5, 21), so Johannes (1 Jo 4, 1) zum »Prüfen der Geister« auf, das heißt also: der Auswirkungen des Heiligen Geistes und des Widersachers. Deren Feld ist die gesamte Wirklichkeit: gegenwärtiges und zukünftiges Geschehen, dazu die Herzen der Menschen und namentlich das eigene Sinnen und Trachten. Daß dieses Weltbild um eine ganze Schicht hintergründiger ist als das der Moderne, daß es »aus jenem urchristlichen Realismus lebt , . . . für den Gott und seine Engel und das Wirken der dämonischen Mächte noch echte Wirklichkeiten sind« (H. Bacht), macht die Notwendigkeit des geistlichen »Prüfens« gegenüber bloß kritischer Distanz nur dringlicher. Niemand, der sich einläßt auf das Christsein, kann diese unheimliche Hintergründigkeit auslassen. Für die Mönche heißt das präzise: in der Entscheidungssituation bleiben. Der Weg geht ja durch ein Land, das äußerste Wachsamkeit verlangt; Wachsamkeit wie im Feindesland; gespanntes Hinhören auf richtungweisende wie auf verdächtige Stimmen – eben unterscheiden.

Was nicht heißt, daß das eine Geheimwissenschaft wäre. Es geht zwar nicht um bloß logisches Durchdenken der Situation; auch die psychologische Analyse stößt nicht durch zu den eigentlichen Zusammenhängen. Ebenso wenig gelingt das einem mehr affektiven Sich-Einfühlen in mögliche Rollen, eigene wie fremde, nach der gefallenen Entscheidung. Alles ist einfacher und zugleich anspruchsvoller. Prüfen, unterscheiden kann jeder, aber er muß »die Lebensweise des Herrn haben«[54]; oder, wie ein östlicher Vater sagt: er muß »bewährt sein im hinhörenden Tun«[55].

Einen solchen Hörenden und Wissenden meint die Überlieferung, wenn sie sagt, einer könne die Geister unterscheiden. Er ist mehr als nur ein Menschenkenner. Er weiß nicht nur Bescheid über sich selbst. Er hört für sich und andere heraus, was Gott will und zu sagen hat. Der Geist selbst lehrt es ihn hören. Man erkennt ihn daran, daß er gütig ist, ruhig, bescheiden, frei von allem Aussein auf Macht und Besitz, auf das Genießen dieser Welt. Er hat teil an der Gesamtwirklichkeit, in Sympathie »der Einheit aller Dinge rückverbunden« (H. Lang). Er hat das Unzulängliche hinter sich gelassen und weiß um die Zusammenhänge, auch die der Menschengeschicke. – Wer dagegen die »Lebensweise des Herrn« nicht hat, ist unruhig, bitter, anmaßend, habgierig und herrschsüchtig. Er will aus Eigenem Bestand haben. So ist er viel zu laut, um hinhören zu können, er ist auch zu stumpf dazu und in sich befangen.

Er hat keine Ordnung in seinem Leben, täuscht sich und andere und kann nicht unterscheiden.
Die Mönche wußten um diesen existentiellen Untergrund für das Charisma. Sie stellten Formeln auf, die helfen sollten, das Wirken des Heiligen Geistes von dem des Un-Geistes im Menschen zu unterscheiden. Man findet ganze Listen, die in Doppelspalten das eine wie das andere aufzählen. Es sind die Eigenschaften, die wir eben nannten. Auf jeden Fall kann nur Gottes Geist diese unendlich feine Witterung geben für das, was vorliegt. Nur dem gereinigten Geistessinn ist das untrügliche Erfassen des göttlichen Willens zugänglich, nur mit »festgeformtem Herzen« läßt sich das Gute schmecken, läßt sich ohne Umweg über den Verstand das Wesensgleiche annehmen, das Wesensfremde abstoßen. Nur einem, der sich ganz und gar entschieden hat für den Herrn, widerfährt, was die Schrift »Auftun des Jüngerohrs« (Jes 50, 4) nennt. Damit ist er ganz hellhörig geworden. Und so kann er auch helfen, daß der Bruder Gott in sich entdeckt, ihn heraushört aus dem Stimmengewirr und an jeder neuen Wegkreuzung, so kann er prüfen und weisen auch im Ernstfall des Hörenkönnens: auf dem Hintergrund der Verunklärung von Gottes Stimme durch widergöttliche Mächte.
Doch gehört auch viel Klugheit, diskrete Verschwiegenheit und Takt dazu, daß einer dem anderen bei dieser Entscheidung helfen kann. »Viele von den Vätern waren tapfer in der Aszese, aber im Feingefühl beim Unterscheiden der Gedanken nur einer, nur einer«, heißt es vom Abbas Sisoe[56]. Eine ganze Skala sehr natürlicher Züge kommt da zum Vorschein; Humor, Güte, Wohlwollen und eine Zartheit, die gelegentlich zur Zärtlichkeit werden kann oder aber sich verbergen kann hinter energischem Temperament bis zur eruptiven Heftigkeit. Das darf nicht zu klein geschrieben werden. Und doch sind das alles nur Nebenerscheinungen, Symptome sozusagen dieses geistgewirkten Instinkts, mit dem einer Gott in allem ausmachen kann.

Eines aber muß noch betont werden. Auch wer in langem geduldigem Umgang mit dem »schweigenden Wort«, seinem »leisen Flüstern« (Gregor d. Gr.) zur Unterscheidungsreife gelangt ist, bleibt angewiesen auf den Bruder. Auch der Geisterfüllte braucht das Gespräch. Zumindest so, daß er das Schicksal des anderen aktiv wie meditativ in das eigene Leben mit hineinnehmen muß. Aber oft genug ist es einer der Väter, der etwa in den Apophthegmata seinerseits ins Wort bringen will, was in ihm vorgeht, und der von einem Jüngeren ein Wort erbittet. Offenbar bleibt es sonst letztlich unhörbar, was im Menschen vorgeht, was ihn nie ganz über sich verfügen läßt oder aber, wozu Gott ihn ruft. Diese Einsamen machten die Erfahrung, daß es zu schwer ist, aus Eigenem dem Wirklichen gerecht zu werden. In der Hinbewegung zum Bruder fanden sie Hilfe. Sie nannten das Demut. Speziell die Selbsteröffnung und -überprüfung im zwischenmenschlichen Raum läßt den Menschen entdecken, was in ihm recht und was verkrümmt oder abwegig ist, läßt das Licht eindringen in die Höhlen seines Unbewußten und schafft so die Voraussetzung dafür, daß einer kraft des Geistes unterscheiden kann. Das Gesunde, die handfeste Nüchternheit der frühen Mönche, ihre Einfachheit, ihr Mißtrauen auch gegen außergewöhnliche Dinge, mit einem Wort: ihre Lebensnähe hängt sicher zusammen mit der Willigkeit, mit der einer sich erschließt und so den Ich-Kreis durchstößt in einer Fortbewegung von sich, die letztlich dem Wort gehorsam ist. Denn das Gesetz des Wortes ist es doch, daß es erst in Rede und Antwort zur eigentlich menschlichen Vernehmbarkeit gelangt.

Noch einmal aber: vernommen muß es werden, damit man es tun kann. Daß dabei, wie etwa dem Gotenfürsten Totila durch Benedikt, der nahe Tod, die bevorstehende Katastrophe angezeigt wird, ist zweitrangig. Wesentlich ist nicht Wahrsagerei, sondern daß einer das Wahre sagen kann, weil er auf Gott hinhören kann. Seine Rede, seinen Willen herauszuhören, das ist genauso wichtig im Alltag wie an den Scheidepunkten der Geschichte. Der Abt muß das können für seine Kommunität. Aber nicht nur er. Jeder muß es lernen. Und es gilt: Nicht wer sich am besten Gehör verschaffen kann, sondern wer in sich am meisten Stille geschaffen hat im Weghören von sich, im Hinhören auf das Wort, der kann dann auch am besten raten. Vielleicht ist es der Schüchternste, vielleicht ist es der Jüngste. »Oft«, sagt die Benediktusregel, »deckt der Herr dem Jüngeren auf, was das Beste ist«[57]. Darauf muß eine Gemeinschaft achten, die sich zusammengerufen weiß vom Wort, um sich von ihm tragen zu lassen. Sie muß es herausscheiden lernen aus allem, nur so kann sie Bestand gewinnen und die Entscheidung durchhalten für ihren Herrn. Aber es bleibt dabei: Hand in Hand mit der erworbenen Fähigkeit, das Klare herauszuhören und zu tun, geht die geschenkte Kraft, das Charisma. Unterscheiden kann zuletzt nur die Liebe.

Aktualisierung und Zusammenfassung

Was also können wir Heutigen von den Mönchen lernen?
Zunächst wohl das richtige Hören. Wer auf Gott hin die Wirklichkeit abhört, der überhört nicht die Dinge und Menschen. Nur hört er sie anders, denn ihm geht es gleichsam um das Thema der Fuge, ihr Baugesetz, ihre innere Ordnung und den Kern ihrer Aussage.
Es kann sein, daß die Mönche manches ausgelassen haben, was zum Ganzen gehört, daß sie einseitig hörten. Dennoch hörten sie gut. Wer wie der heutige Mensch in das Stimmengewirr des Vordergründigen und Vorläufigen hineingedrängt ist, wem mehr denn je die Gesamtpartitur verlorenzugehen droht, der sollte vielleicht sich von den Mönchen sagen lassen, daß es ein Thema gibt, und daß dieses geheimnisvolle Thema allem zugrunde liegt.
Ein Zweites: Wer hellhörig ist im Sinn der Mönche, hört, um zu tun. In einer »machbaren« Welt ist der rechte, urbiblische Praxisbezug aller Einsicht und unterscheidenden Distanz von brennender Aktualität. Mit ihrem hörenden Tun verweisen die Mönche auf einen Weg der Mitte, der

zu gehen ist: Praxis darf sich nicht absolut setzen, so daß nur das Machbare wahr wäre, sie darf aber auch nicht ausfallen in einer welt- und werklosen Innerlichkeit.
Weiter ist der Hellhörige im Sinn der Mönche einer, der lernt. Und zwar lernt er hören im Umgang mit dem Wort, dem er sich gehorsam macht. Aus dem Wesen des Wortes ergibt sich nicht zuletzt der »soziale Bezug« dieses Lernprozesses. Sich-in-Frage-stellen-Lassen ist dabei ebenso wichtig wie die Hilfe zur Entscheidung, die im Miteinander-Hören wie im Unterscheiden für den anderen geboten wird.
Hellhörigkeit ist demnach ein Reifungsprozeß, kein Besitz, ist Gabe, die im Vollzug erworben werden muß. Christsein ist ohne sie genausowenig voll wie Menschsein. Daß insbesondere die Mönche sagen: nur wer »reinen Herzens« ist, der kann in Gott das Wirkliche hören, heißt übersetzt in unsere Sprache: Nur wer festhält an der Grundentscheidung, in der einer absieht von sich, um pure Aufmerksamkeit zu werden für das, was auf ihn zukommt, die eigentliche Sache – wer darin sich engagiert auf den hin, der verbindlich anspricht, nur der wird hellhörig, und so kann er Zukunft bauen und das Stück Welt, das ihm aufgegeben ist.

4. Kapitel:

Der angefochtene Mensch

Grunderfahrung des Menschen

Daß der Mensch angefochten werden kann, ist eine seiner Grunderfahrungen. So weiß es jedenfalls jeder, der zu sich gekommen ist und sich nicht vorbeidrückt an der Wirklichkeit. Bereits das Buch Ijob (7, 1) stellt mit bitterer Ironie fest: »Ist nicht des Menschleins Leben auf Erden Scharwerk?« (Buber). Scharwerk ist Frondienst; andere setzen Kampf für das entsprechende hebräische Wort. Im einen wie im anderen kommt die Grundanfechtung zum Ausdruck: daß dem Menschen seine Freiheit bestritten wird. Im Kampf ringt er darum, im Frondienst zwingt ihn das Joch nieder; so oder so plagt er sich ab, hat sein Leben nicht den Raum, den es braucht, und reibt sich wund. – Das andere ist die Ungewißheit. Unversehens gerät man in dieses unheimliche Begebnis, das an einem rüttelt, einen zu Fall bringen kann, das zwar reifer, standfester entläßt, wo einer es übersteht, ohne daß jedoch die Anfechtbarkeit je auszuschalten wäre. Und es ist eben die Ungesichertheit, die für gewöhnlich auch unfrei macht, wie umgekehrt die Unfreiheit das Zutrauen abdrosselt, das noch mitten in der Anfechtung Geborgenheit finden kann.

Aus beiden kommt die Angst: schwelend oder offen, alles unterminierend, dunkel tönend. Sie treibt in die Flucht und verstrickt gerade so nur immer tiefer hinein ins Angefochtensein.

Das Neue heute

Der Mensch kennt dieses Drama, wie gesagt, nicht erst seit gestern. Ob als Dauerzustand, ob periodisch anfallend und ablassend: die Angefochtenheit ist sein ältestes Problem. Vielleicht hat Max Frisch das Neue daran in seinem »Stiller« angesprochen. »Der Freund, der geprüfte, will sich der Prüfung entziehen«, sagt dort der Staatsanwalt über den Maler, der in seiner Untersuchungshaft bis zuletzt, bis zum gefällten Urteil, sich weigert, Stiller zu sein[58]. Das ist sehr typisch: man will sich selbst entfliehen, um sich der realen Konfrontation zu entziehen. Man hat Angst vor der eigenen Entscheidung oder auch Angst, sie nicht durchhalten zu können. Man tut also, als sei man nicht gemeint. Man will nicht »geprüft« werden können.

Auch das ist übrigens nicht neu. Immer hat sich der Mensch als »geprüft« erfahren, und immer gab es den Versuch und die Versuchung, sich die eigene Verunsicherung zu verbergen. Neu sind nur gewisse Perspektiven, die sich vor allem aus den Humanwissenschaften ergeben. Man sieht heute genauer, daß Anfechtung nicht nur funktionell bedingt ist, sondern mit der Struktur des Menschen, jedes Menschen, zusammenhängt. Dazu kommt die Mitwelt, das Zusammenleben mit anderen. Auch darüber weiß man mehr als früher. Man stößt hier sogar auf den eigentlichen Ort heutiger Angefochtenheit. Aber damit wächst vielfach nur die Hilflosigkeit. Diagnosen sind noch keine Heilung. Was hilft schließlich alles Registrieren, wenn man nicht richtig reagieren kann? Ein Zustand der Ohnmacht bei vollständiger Wachheit – vielleicht läßt sich so am schärfsten umreißen, wie Anfechtung heute erfahren wird. »Man hat das Gefühl, gerufen zu sein, aber keine Stimme zu haben«[59]. Man kann nicht wollen. So geht man in die Abwehr oder zum Angriff vor, oder man sackt zusammen, wenn die Krise überfällt. Aber man stellt sich ihr nicht.

Kann hier die Psychoanalyse, die Sozioanalyse helfen? Eher mag sie die Zeitkrankheit sein, deren Heilung sie zu sein behauptet. Aber auch die Hilfe aus dem Religiösen bleibt weithin aus. Die Vokabeln, die Inhalte treffen den Sachverhalt oft nicht mehr. Wird in einer solchen Situation die Anfrage an das frühe Mönchtum weiterführen?

»Seht da: hier – ich, Antonius!«

Mönche sind Menschen wie wir, darüber kann auch nicht die Verklärungskunst der Hagiographen hinwegtäuschen. Aber herrlich anders ist sie doch, diese Herausforderung, mit der sich der heilige Antonius erneut den Dämonen stellt. Sie hatten ihn halbtot geprügelt. Aber sobald er nur wieder ein wenig zu Kräften gekommen war, hatte ihn ein Mann heimlich des Nachts zurückgebracht in seine Grabkammer und sicher sehr ängstlich die Tür zu dem verrufenen Ort hinter sich zugezogen... »Wieder war er allein«, berichtet die Vita. »Wegen seiner Wunden konnte er nicht stehen, so betete er im Liegen. Und nach dem Gebet rief er laut: ›Seht da: hier – ich, Antonius!‹ «[60]

Das klingt wie ein Fanfarenstoß. Nichts von Angst, nichts von Sich-Verkriechen. So macht es der Mönch, will Athanasius sagen. Er ist frei genug dazu. Er geht der Konfrontation nicht aus dem Weg: er geht auf sie zu. Er geht genau dorthin, wo die Anfechtung am sichersten über ihn kommt: er geht in die äußerste Einsamkeit.

Grabkammer und Wüstennacht sind Bilder. Für den antiken Menschen Bilder eines namenlosen Grauens. Unheimliche, ungreifbare, aber in den Griff nehmende Mächte treiben dort ihr Unwesen. Die Bilder mögen uns nichts mehr sagen, aber ihr Kern geht auch uns an.

»Vielleicht«, schreibt Thomas Merton in einem seiner letzten Briefe, »bin ich für Sie in meiner Einsamkeit so etwas wie ein Eroberer, ein Forscher, der in Bereiche vordringt, die Ihnen unzugänglich bleiben, außer Sie betreten sie vielleicht in Begleitung eines Psychiaters. Habe ich nicht die Berufung erhalten, vordringen zu müssen in eine wüste Gegend des Menschenherzens, dorthin, wo die Erklärungen ausgehen und nur mehr zählt, was einer erfährt? Eine dürre, steinige, düstere Landschaft ist das, bisweilen durchleuchtet von seltsamen Feuern, vor denen der Mensch Angst hat, bevölkert von gespenstischen Schatten, denen er sorglich aus dem Weg geht, wenn er ihnen nicht in seinen Träumen begegnen muß?«[61]

Das klingt weit weniger triumphal als das provozierende »Hier: ich« der Antonius-Vita. Aber vielleicht wird so, gleichsam angesengt von Angst und Verzweiflung, für uns zugänglicher, was da zur Rede steht. Wenn die Mönche aufbrachen in ihr hartes, einsames Leben – in eine der großen Wüsten Ägyptens oder Syriens, auf eine der nordischen Inseln, in eine Zelle oder ein Kloster[62] –, so nicht aus Lust am Experiment, aus Neugier oder narzißtischer Quälsucht. Sie wollten auch nicht ausweichen vor Schwierigkeiten. Sie spürten in sich eine Berufung. Höchstwahrscheinlich gingen sie nicht aus, um das Fürchten zu lernen, sondern sie hatten Angst. Aber das hinderte sie nicht, für andere, an ihrer Stelle an die Grenze des Lebbaren zu gehen, wie Eroberer und Forscher das tun. Sie gingen dorthin, wo das Bequeme und das Vertraute aufhört, das Ausweichenkönnen vor der Minderung ein Ende hat, wo die Versuchungen aufsteigen aus der Tiefe des Herzens und den Menschen überfallen. Sie spürten die Berufung in sich, diese Versuchungen gleichsam hervorzulocken, sie ansichtig zu machen, sich ihnen zu stellen. Daß sich das nicht immer so ruhmreich anhört wie im Kampfruf des heiligen Antonius, wird niemand leugnen wollen. Von Anfang an gab es die Erlahmenden, Fliehenden, Fallenden. Es gab andererseits sonderbare und sogar abstoßende Extremisten: Kettenheilige und Säulensteher, Eingemauerte, Landstreicher und Grasfresser. Aber diese Übertreibungen machen nicht das Eigentliche aus. Das Eigentliche, Unüberholbare liegt darin, daß diese Menschen ansichtig gemacht haben, was die Situation aller ist. Und vielleicht haben sie sogar zu einer Lösung beigetragen. Das Zweifache ist wahr: Der Mensch ist angefochten, sein Dasein ist unentrinnbar bestritten. Und doch braucht er nicht zu verzweifeln. Warum nicht? Es scheint, daß die Mönche hierzu etwas zu sagen haben.

»Wozu bist du Mönch geworden?« fragt Abbas Theodor von Pherme einen jungen Bruder, der nicht mehr weiter weiß. »Etwa nicht, um Anfechtung zu dulden?«[63] So ist es normal, heißt das, man muß es also nicht dramatisieren. Aber man muß es durchstehen.

Die erste Hilfe dafür ist ein Vorgehen, das man aus der Tiefenpsychologie gut kennt: Objektivation – Bewußtmachen des Unterbewußten, Herausstellen, Projizieren des Ungreifbaren und darum so Bedrohlichen. Im Mönchtum gibt es etwas überraschend Analoges. Schon Origenes vergleicht die Wüste der frühen Anachoreten mit Platons Höhle. Ihre Aszese weckt die dunklen Kräfte unter der Bewußtseinsschwelle, so daß sie sich Luft machen in einer Flut von Bildern und Vorstellungen. Was da seit Anbeginn an Schmutz und Schutt in einem menschlichen Inferno aufgespeichert ist, drängt hervor, verdichtet sich in diesen Ungeheuern und wirren Gestalten, in diesem neuen Schattentheater, nur daß die Schatten nicht das Wirkliche außerhalb der Höhle wiedergeben wie bei Platon, sondern die Projektion der inneren Welt des Menschen sind[64].

Grünewald und Hieronymus Bosch haben künstlerisch gedeutet und ins Bild gebannt, was sich da abspielte. Aber das Begebnis ist uns noch näher. In jedem von uns gibt es doch Abgründe, in denen es spukt. Das Fleisch »denkt« in der Seele, der Zweifel spaltet uns, ein Doppelgänger treibt sein Widerwesen. Wenn es dazu kommt, daß wir diese finstere Unter-Welt träumen, zeichnen, an die Wand werfen, mag das, was sich dann abbildet, zwar wenig Ähnlichkeit haben mit den Monstren und Dämonen des Isenheimer Altars oder mit den Schilderungen der Antonius-Vita. Der Vorgang ist aber hier wie dort der gleiche. Im Grund wollen Pop-Art und Anti-Kunst etwas ähnliches. Die Darstellungen des Obszönen in der modernen Literatur gehören zum selben Bewußtmachungsprozeß. Uralte Menschheitsreligionen greifen nach dem gleichen Verfahren. Das Versuchliche im Menschen wird gleichsam auf den Schirm geworfen, so kann man ihm gegenübertreten, es aus der Distanz betrachten. Traumanalyse, Graphologie, um nur diese zu nennen, suchen so das Ängstende zu packen. Sie gehen von dieser urmenschlichen Gegebenheit aus, daß die Innenwelt sich ins Bild drängt, das Umrißlose aus sich herausstellt und so die Chance gibt, zu sehen, was ist. Eben damit setzt bereits Befreiung ein.

Dann kann es sein, daß der Mensch plötzlich begreift: So bin ich. »Wir alle sind miserabel und verwüstet«, sagt Leon Bloy, »aber wenige sind imstande, in ihren Abgrund zu schauen«[65]. Isaak der Syrer ergänzt das auf seine Weise: »Wer sich in seinen Sünden gesehen hat, wie er ist, der ist größer als jener, der Tote zum Leben erweckt«[66]. Beides übersteigt die Kräfte des Menschen; das erste aber noch mehr. Und man begreift, daß von einer Berufung die Rede sein kann, sich dem auszusetzen, daß Angefochtenheit in Stellvertretung einen Sinn bekommen kann.

Zumal wenn man sich klarmacht, daß Objektivation hier ja nicht nur eine bildnerisch-träumende oder künstlerisch-literarische Verdichtung mit einer gewissen Integrationskraft ist, sondern so etwas wie ein chirurgischer Eingriff. Die dunklen Elemente müssen jedes bei seinem wahren Namen genannt werden, es gibt keine Ausflucht, soll das verborgene Spiel aufgegriffen, ans Tageslicht gebracht und entlarvt werden. Soweit dabei grob materialisiert und allegorisiert wurde, interessiert es uns nicht mehr. Was uns interessieren muß, ist die Überzeugung der Alten, daß das eigentlich Reale der Kampf von Mächten im Herzen jedes einzelnen ist. Ein geistiges Geschehen also bei aller erfahrbaren Sinnenhaftigkeit[67]. Daß die frühen Mönche diesen Kampf nicht nur ansichtig gemacht, sondern sich ihm gestellt haben, ließ ihre Objektivation so folgenreich werden. Man hat sie eine großartige Operation genannt, anstelle aller und ein- für allemal durchgeführt. Ihre Spuren seien nicht mehr zu verwischen: das menschliche Gewissen sei nach der Aszese der Wüste ein anderes geworden. Seitdem verfüge die Menschheit über die Erfahrung dieser Angefochtenen. Mehr noch: sie habe nun den Archetyp des aszetischen Menschen, er sei in der Wüste entstanden, und auf ihm stehe nicht nur die gesamte monastische Überlieferung, sondern von ihm her empfange die Geschichte der Frömmigkeit Impulse auf allen ihren Stufen[68].

Wie es sich damit auch verhält: Jedenfalls wußten die Mönche, daß die Anfechtung nicht endet mit dem Siedlungsraum der Menschen, daß sie im eigenen Herzen enden muß; dort oder nirgends wird sie überwunden. Genau das hatten sie im Sinn, wenn sie in ihre Wüsten gingen. Und es gehört zu den erregenden Entdeckungen, daß diese glühenden Gestalten die Welt flohen, aber eine Welt der bürgerlichen Ahnungslosen oder auch Ängstlichen. Sie suchten Welt gerade dort, wo sie »in ihrem dämonischen Wesen am unheimlichsten anwest«[69].

Die eigentliche Szenerie

Es wäre sicher falsch, zu meinen, daß diese Auseinandersetzung wie nach Programm angestrebt und durchgeführt worden ist. Auch vom großen Antonius heißt es, daß er nicht ahnte, was ihn erwartete, als er in die Wüste ging. Anfechtung wurde von den Mönchen zunächst einmal als etwas sehr Menschliches erfahren.

Gewiß sprechen die alten Viten und Weisungen von den bösen Geistern mit großer Selbstverständlichkeit, zeichnen sie das Leben des Mönchs als einen Kampf mit Satan und den Dämonen. Aber Dämonenkämpfe und teuflische Versuchungen spielen eine andere Rolle, als man vielfach behaupten hört. »Nicht ich bin es, der ihnen beschwerlich fällt, sondern sie selbst verwirren sich«, läßt die Antonius-Vita den Widersacher sprechen[70]. Dämonenkämpfe sind für die Großen, heißt es; die Anfechtung aber gehört zum täglichen Brot, das der kleine Mann bekommt; und die Mönche rechneten sich diesen kleinen Leuten zu.

Da ist der Leib: er wird hungrig oder ist zu satt, er ist müde oder hat überschüssige Kraft; er will Wärme und Nähe, wird krank oder welkt dahin; spürt die Reize durch die Sinne eindringen und reagiert darauf. Da ist der Bruder:

er tut nicht immer das Gute – so rührt sich die Lust am Richten; er hat seine Schwächen – das reizt zum Zorn, zur Brutalität; er hat seine Vorzüge – man kommt vielleicht nicht mit, möchte neidisch werden oder traurig. Da ist vor allem das eigene Herz. Wann kommt es je zur Ruhe? Die Wünsche steigen auf und verschwinden, Begehrungen kommen und gehen, unberechenbar sind die Gezeiten von Laster und Leidenschaften; Kleinmut und Übermut, Angst und Selbstgefälligkeit wechseln miteinander ab; und häufig droht die so gefürchtete lähmende Erschlaffung, die acedia[71]. Die Mönche kannten das alles. Sie wußten mehr darüber, als was unter dem Titel der acht Hauptsünden in die Lehrbücher der Moral eingegangen ist. Sie lebten mit ihrer Anfechtung. Ihre Fragen und Weisungen zeigen, wie es sie beschäftigte, daß der Leib trotz guten Willens oft widerspenstig wurde, daß Anfechtung nicht ein für allemal, sondern Tag für Tag zu erfahren und zu bestehen war, daß man ihr unterlag und daß es anderen, selbst den Vätern, kaum anders erging. Einsehen, daß Anfechtung zum Mönch gehörte, zu dieser Weise also, Mensch zu sein, galt ihnen als wesentlicher Fortschritt und als Voraussetzung dafür, daß man standhalten konnte.

Andererseits machte es sie immer wieder stutzig, daß eine Macht in ihrem Inneren am Werk war, die anders lief, als sie es wollten. Sie trieb sie zu Dingen, die sie nicht vorhatten, stieg aus Tiefen auf oder aus Hintergründen, von denen sie nichts Näheres wußten. Von dieser Erfahrung ist sehr oft die Rede. Fast immer findet sich in den alten Texten dann der Begriff »logismos«, »Gedanke«.

»logismos« ist nicht irgendeine Idee, die einer sich macht. Man geht mit ihm um wie mit einem Gegenüber, das zu einem spricht. Der »Gedanke« flüstert dem Mönch etwas ein, und nicht immer ist das gut für ihn. Viel öfter verwirrt er ihn, bringt ihn zum Grübeln, treibt ihn, etwas zu tun, was zu groß ist für ihn, was er nicht zu Ende führt, erregt und verdüstert ihn. Er ist nicht Sache der klaren Vernunft, er ist aber auch nicht einfach die Angriffswaffe des Bösen. Man erfährt ihn eher als Vorstellung, jedenfalls als Antrieb, meist versucherisch und so schwer unter Kontrolle zu bringen, daß er wie etwas Fremdes auf einen wirkt, wie eine selbständige Größe und eben doch wie ein Hereinwirken transzendenter Mächte in den Raum der Seele[72].

Da heißt es etwa: »Meine Gedanken quälen mich, indem sie zu mir sagen: Du kannst nicht fasten und auch nicht arbeiten, so besuche wenigstens die Kranken; denn auch das ist Liebe.« Einen anderen will der »Gedanke« in die Wüste treiben; dort werde er Ruhe finden[73]. Wer spricht hier eigentlich? Wer sucht den Menschen hier zu täuschen? Denn das *sind* Täuschungen: daß man zum Frieden kommt, wenn man die Flinte ins Korn wirft; oder daß man in der Einsamkeit seine »Gedanken« los werden könnte. Jeder weiß, wie es erst recht in ihm zu lärmen anfängt, wenn er allein ist. Woher kommt das, was da aufsteigt, wohin will ihn das treiben? So fragt der Mönch und wird sich selbst unheimlich.

Oft bricht dann einer zum Bruder auf und sagt ihm seine »Gedanken«. Er, den er für kundig und geisterfüllt hält, soll unterscheiden, woher sie stammen: von Gott, vom Bösen oder aus dem Herzen des Bedrängten selbst. Ein solches Sich-Eröffnen halten die Mönche für eine große Hilfe: Über niemanden freue sich der Feind so wie über einen, der seine »Gedanken« in sich verschließt; denn er findet sich kaum zurecht.

Dahinter steht nicht nur geistliche, sondern auch sehr humane Erfahrung. Jeder, der etwas oder sich aussprechen kann im Raum des Vertrauens, des Verstehens, des Angenommenwerdens und der klärenden Unterscheidung, weiß, wie das befreit. Was in ihm wirr und lärmend ist, sammelt sich in die Wortgestalt, verobjektiviert sich; und im gemeinsamen Hinhören findet der Angefochtene seinen Standort wieder[74].

Aber auch wo das brüderliche Gespräch Klärung und Befriedung bringt, bleibt der Eindruck einer fremden Macht bestehen, die von jenseits her auf das Herz einwirkt, nach ihm greift, vor der man nie sicher ist. Immer wieder kann sie das Innere mit sich selbst uneins machen. Der Mensch hat das deutliche Empfinden, daß er zwischen zwei Fronten steht, ja daß die Frontlinie mitten durch sein Herz geht. Helfen kann da eigentlich nur eines: »Ein wachsamer Mann schüttelt (den Gedanken) ab und erhebt sich zum Gebet«[74a]. Das mag simpel klingen. Doch wenn man genauer hinhört, spürt man dahinter die Erfahrung von Männern, die wissen, was auf dem Spiel steht und wie man sich verhalten muß. Hier gilt es nicht mehr nur herauszufinden, woher der »Gedanke« stammt; hier steht der Feind selbst im Raum. Was sie nicht ahnten, als sie Mönch wurden, ist nun ihr Los: der Kampf, der nicht gegen Fleisch und Blut geführt wird, die Anfechtung, die das Vordergründige übersteigt, obwohl sie sich dort abspielt, wo Menschenleben gelebt und die alltäglichen Wahrnehmungen gemacht werden. Das ist mehr, als Menschenkraft kann. Da bleibt auch die Hilfe des Bruders zurück. Es hilft nur mehr, was der Herr im Evangelium nennt: Wachen und Beten; darin die Entscheidung gegen das, was das Herz verwirrt, was es aus Eigenem nicht klären und überwinden kann; wozu der geisterfüllte Bruder allenfalls Hilfestellung leisten kann; was aber letztlich das Zufluchtnehmen bei Gott verlangt.

Damit wird das »Schattenspiel« des Origenes zum Schauspiel des heiligen Paulus vor Engeln und Menschen. Die Bühne weitet sich zur heilsgeschichtlichen Szenerie. Wer seine – oft so handfeste – Anfechtung als Teil des geistlichen Kampfes sieht, der bis zum Ende der Zeiten von den widergöttlichen Mächten geführt wird, für den ist nicht bloß der Binnenraum der Projektion durchstoßen, sondern auch alles Private überschritten. Je nachdem, ob er die Anfechtung überwindet oder ihr unterliegt, hilft oder schadet er nicht nur sich. Er macht etwas aus über Heil und Unheil in der Welt. Er wirkt, ob er es weiß oder nicht, an seiner Stelle mit an jenem Agon, der in der Wüste von Judäa begann zur Erlösung aller.

Agon

Damit fällt ein Stichwort, das in den Martyrerakten und zuvor in den apostolischen Schriften häufig wiederkehrt. Es kennzeichnet die Situation des Christen in dieser Welt, es malt mit antiken Farben eines der großen Bilder für die Nachfolge des Herrn. »agonistes«, Kämpfer (lateinisch »miles«) heißt auch der Mönch[75]. Das Bild liegt den Alten mehr als uns. Bei Pachomius, dem Mönchssoldaten, in den frühen Viten, nicht zuletzt in der römisch geprägten Benediktusregel, spielt es seine Rolle.

Aber Agon, »militia« hat doch auch etwas zu tun mit unserer Erfahrung von Angefochtenheit. Das Militärische ist nicht die einzige Bedeutung. Die Zucht, Übung und Härte, was alles in dem Wort mitschwingt, ist für den sportlichen Kämpfer genauso wichtig wie für den Soldaten; außerdem liegt von Anfang an der Nachdruck nicht auf dem kriegerischen oder triumphalen Waffengang, sondern auf dem Standhalten und Durchhalten. »Ich bin (jetzt) Soldat Christi und darf daher nicht mit der Waffe in der Hand kämpfen«, mit dieser Klarstellung kündigt der soeben getaufte Martinus seinem General den Dienst[76]. Er gebraucht das kriegerische Wort also in einer a-militanten Bedeutung. Bezeichnenderweise muß er sich am nächsten Tag waffenlos vor der Schlachtreihe aufstellen, um sein neues Soldatentum auf den Prüfstand zu bringen. Damit reiht ihn die Legende ein in die Schar der Martyrer und ihrer Erben, der Mönche.

Von ihnen gilt, daß sie nicht die eigene Kraft unter Beweis zu stellen haben, sondern die Kraft Christi. Christus ist ihr Urbild; er ist der erste und eigentliche »Athlet«. Er hat sich in der Wehrlosigkeit zum Kampf gestellt, in der Schwäche des Leibes, der Sünde und in der Bedrängnis des Herzens bis zum Tod. In der gleichen Ausrüstung, mit den gleichen Waffen der Ohnmacht und Geduld sollen die »Athleten« Christi sich dem Kampf stellen und so diese Heilskraft in Schwäche bezeugen. Auch beim Geisterfüllten, Reifgewordenen können die Anfechtungen daher nicht aufhören. Ihn bedrängen sie vielleicht am furchtbarsten. »Tag für Tag sich dem Martyrium aussetzen«[77], das ist Mönchsberufung. Sie gilt es zu lernen, zu üben, bis der Tod ihn heimholt. Genau darin setzen die Mönche ihr Kontrapost zur Ausweichtaktik der Ichbesorgten, die nur auf ihren Vorteil aus sind und mit aller Gewalt die Haut heil behalten wollen.

In diesem heilstheologisch-geistlichen Sinn gibt es dann doch eine echt christliche Miliz. Man kämpft für Gott, »militans deo«; und das kann sehr aktive Züge annehmen. Das frühe Mönchtum kennt die echte Kampflust. Man provoziert, man geht zum Angriff über, zwar nicht gegen Menschen als solche, aber gegen den Bösen in ihnen. Der Kampfruf des Antonius ist letztlich nur so zu verstehen. In der Vita des Athanasius gibt es nicht nur Platz für die Mühsal jahrelanger Wüstenaszese, in der bei allem Ringen doch Schutz gefunden wird vor den Versuchungen der Welt: in der Antonius-Vita tritt der Mönch als Gotteskämpfer auf, sogar in erster Linie[78]. Er geht an gegen die gottwidrigen Mächte, zu denen nicht zuletzt das Heidentum gehört, die Häresie. Diese Mächte provoziert und attakkiert der Mönch, und er tut es in der Kraft Christi. Auch Wunderheilungen sind Waffen und Machterweise Christi. Ein und derselbe Kampf, Christi Kampf ist es, den Antonius führt, ob er nun die heidnische Sophistik widerlegt, den Glauben gegen die Häretiker verteidigt oder sich in Verfolgungszeiten dem Blutzeugnis aussetzt. Immer steht der Mönch da als einer, der für Gottes Sache mit den Waffen Christi streitet, der Christi Auseinandersetzung mit den widergöttlichen Mächten weiterführt, wo er auch hingestellt sein mag.

Damit wird noch einmal sehr deutlich, daß der Mönch nie für sich kämpft: weder ist er je alleingelassen, noch geht es nur um sein eigenes Heil. Sein Kampf ist nicht moralische oder private Heilsbemühtheit: er ist *Stellvertretung*. Was freilich etwas wesenhaft anderes beinhaltet als Kampflust oder fromme Eroberungssucht. Im stellvertretenden Kampf soll sich erweisen, was in der Taufe grundgelegt wurde:

daß »unser alter Mensch mitgekreuzigt wurde, damit der Leib der Sünde vernichtet werde und wir nicht mehr Knechte der Sünde seien« (Röm 6, 6). Das aber bedeutet, daß nur einer »Soldat Christi« sein kann, der die Taufe in seinen Tod sich tief persönlich aneignet; der ganz einsteigt in die Rolle Christi, in einen Agon also, der im Kern Mitleiden und Mitsterben mit Christus ist.
Wie das nichts von Magie an sich hat, sondern zu einer harten Prüfung des Glaubens werden kann, berichtet in einer seltsamen Szene die Antoniusvita. »Wo warst du?« fragt der Heilige, schwer ringend und fast erlegen, den Herrn, »warum bist du nicht früher gekommen?« »Ich war da«, heißt die Antwort, »aber ich habe gewartet, um mir deinen Kampf anzusehen«[79].
Das Motiv des antiken Schiedsrichters klingt hier an, der beim Wettkampf zusieht, um am Ende die Preise zu verteilen. Aber es geht eigentlich nicht um dieses Motiv. Gesagt ist vielmehr, daß es die eigene, einsame Prüfung gibt, bei aller Teilhabe am Agon des Herrn. Der Mensch kann dabei in äußerste Bedrängnis kommen, wie einer, der völlig verlassen ist. Aber auch dann ist der Herr da, und dem Mönch muß das genug sein wie jedem anderen, auch dem Gekreuzigten.

»In der Zelle bleiben«

Die Einsamkeit, die scheinbare Isolierung – und davor schützt auch nicht das Eingefügtsein in eine Ordnung, das Zönobium – bedeutet für den Mönch die vielleicht härteste Anfechtung. Sie ist sozusagen antlitzlos. Man kann schwer zum Gegenangriff vorgehen. Oft muß man sie einfach aushalten wie eine Krankheit, wie bleierne Hitze, wie einen bohrenden Schmerz. Die Gefahr ist groß, daß der Mönch dann den Mut verliert und ausbrechen will. Etwa in das Außergewöhnliche. Normalerweise ist ja der Rahmen recht eng, in dem er seine Tage verbringt. Das Milieu ist bescheiden, der Alltag die Regel. Wenn dazu die Vergelung des Lebens kommt, verstärkt sich das, was Alltag überall mit sich bringt: Mangel an Abwechslung, das Einerlei, in dem der Sinnenreiz mehr oder weniger ausfällt (immer das gleiche Essen, der gleiche Blick durchs Fenster, die gleichen Gesichter, die gleiche Beschäftigung). Es besteht keine Nötigung, wach und beweglich zu bleiben. Die Phantasie, die Initiative droht einzuschlafen. Verständlich, wenn da der eine der Erschlaffung nachgibt, der andere aber nach dem hascht, was nicht Alltag ist: nach Zerstreuung und Sensation, nach dem Experiment mit sich und anderen. Er tanzt aus der Reihe, will auffallen und sich fühlen (die Warnung vor dem Großtun, der vana gloria, setzt hier an). Oder er macht sich zu schaffen, stürzt sich in die Arbeit, fiebert nach Leistung und Rekord. Oder es packt ihn die »Mitmenschlichkeit«, er will um jeden Preis für andere etwas tun. Von solchen und ähnlichen Anwandlungen ist oft die Rede. Aber eigentlich immer läuft dann der Rat darauf hinaus: »Bleibe in der Zelle.«

Was ist damit gemeint? Sicher darf man die Mahnung nicht nur wörtlich verstehen. Es geht eher darum, daß einer zu dem steht, wozu er angetreten ist, daß er ausharrt in seiner Ordnung. So kann auch gesagt werden, daß »das Ausharren in der Zelle den Mönch in seine rechte Ordnung bringt«[79a]. Drei Dinge gehören dazu: daß der Mensch sich und seinem Schicksal nicht ausweicht; daß er aushält in der Geduld; und daß er sich in der Einsamkeit dem Wort stellt, seinem Gericht wie seiner Tröstung, die darin besteht, daß der Herr für ihn die Anfechtung schon durchgefochten hat.

»Niemand weiß, wer er ist, er sei denn zuvor gestoßen worden von der Prüfung«, heißt es bei Mechthild von Magdeburg. Man möchte sich der Prüfung entziehen; sich weigern, der zu sein, als der man sich in der »Zelle« sieht: nicht der Alltägliche, dem die Durchschnittlichkeit aus allen Ritzen schaut; nicht der sich und andere ständig Enttäuschende oder Täuschende; nicht dieser Mensch, zu allem fähig und zu so wenig imstand. Aber die »Zelle« duldet keine Ausflucht: du mußt dich annehmen. – Das ist nur möglich in der schweigenden Tapferkeit, die »Geduld« heißt. Der Hinweis auf sie (perseverantia, patientia, stabilitas) spielt in den frühen Regeln eine zentrale Rolle. Nur die Demut kommt ihr an Bedeutung gleich. Man soll nicht danach trachten, unangefochten zu bleiben, aber man soll ringen um die Geduld[80]. Im Unrechtleiden soll man sie »wortlos umarmen«[81]; im Miteinanderleben und Sich-Aneinanderreiben hat sie einen unersetzlichen Platz; vor allem aber und immer wieder braucht man sie in der Selbstannahme, dort, wo einer weiß, wer er ist und trotzdem bei sich aushält, weil er ja sagt zu sich vor Gott.

Darüber kann es zu einer Reife kommen, die die staunende Frage weckt, wie einer so »geglückt« sein kann. »Wie du mich jetzt siehst«, lautet die entsprechende Antwort eines Wüstenvaters, »so halte ich es mein Lebtag lang: ein bißchen Arbeit, ein bißchen Meditation, ein wenig Gebet und, so gut ich kann, mich rein halten von den ›Gedanken‹ und mich ihnen entgegenstellen, wenn sie doch über mich kommen. Aber so ist der Geist der Schau über mich gekommen, und ich weiß nicht, wie«[82].

Bis diese Reife aber erlangt ist, braucht es mehr als nur die oft langen Jahre, die einer in der Geduld und im Ja zu sich und seinem Los aushält. Früher oder später gehört dazu eine Reifung ganz bestimmter Art, eine Prüfung, in die nicht Menschen führen, eine Anfechtung, in der einer plötzlich zu ahnen beginnt, was es heißt, mit Gott zu kämpfen.

Es ist die Anfechtung, die das Wort über den Menschen bringt, wenn er sich ihm stellt. Da erst gerät er in seine tiefste Einsamkeit, da erst erfährt er, was es heißt, »in der Zelle« zu bleiben. Das Wort greift ihn an, wie es im Hebräerbrief heißt (4, 12): »Das Wort ist schneidender als irgendein doppelt geschliffenes Schwert. Es trennt Seele und Geist, Mark und Bein mit seiner Schärfe und legt die Strebungen und Gedanken des Herzens bloß.« Da kann kein Mensch mehr helfen. Das Gericht kommt über ihn, er weiß sich schuldig, er ist dem Wort ausgeliefert; und er erfährt, was Angefochtenheit in ihrem innersten Kern ist: Ohnmacht des Menschen bei völliger Wachheit; Prüfung, deren Ergebnis vernichtend ist für den Geprüften; »Tötung den ganzen Tag«, wie es mit Ps 73, 23 die Benediktusregel nennt[83]. Aber da geschieht das Unerwartete: mitten im Gericht ist die Tröstung, das Heil. Am Rand der Verzweiflung findet der Mensch sich aufgefangen von dem, der die Anfechtung, der alle Angefochtenheit für ihn schon durchgefochten hat; er kann sich fallen lassen in das am Kreuz eröffnete Erbarmen. »Niemals an Gottes Erbarmen verzweifeln«, artikuliert sich solche Erfahrung[84].

Jakobskampf

Demgegenüber mutet alles sonst wie Vorgefecht an. Was Anfechtung ist, ahnt erst der von Gott Bestrittene. Es gibt eine frühmonastische Schrift, den sogenannten Kleinen Brief des Makarius[85], in dem dieser Jakobskampf mit erstaunlicher Kundigkeit geschildert wird. Nachdem die ersten Honigmonde im Noviziat beschrieben sind, kommt der Verfasser auf die Prüfungen zu sprechen, in denen Gott den Menschen erniedrigt und erhebt. Da machen die ungewohnten körperlichen Entbehrungen den jungen Mann müde, er ist plötzlich sehr niedergeschlagen. Immerhin läuft er nicht fort. Daraufhin ändert Gott seine Angriffstaktik: er stellt ihn vor die Wahl zwischen Selbstbescheidung und Großtuerei. Der Mönch kommt sich mit einemmal sehr fromm vor; im Gegensatz zu anderen hat er ja Buße getan. Und es fügt sich, daß er gerade da von vielen übertrieben gelobt wird. Darauf kommt ihn die Lust an, Außerordentliches in der Aszese zu tun. Aber dann entscheidet sich sein Herz doch von neuem für den kleinen Weg, und Gott, der das sieht, »hüllt ihn ein in seine Behütung«.
Nach dieser ersten Angriffswelle kommt die zweite. Unzucht versucht ihn und Mutlosigkeit beim Gedanken an lebenslange Enthaltsamkeit. Er erliegt beinahe, weiß er doch, wie brüchig seine Natur ist. Da hebt ihn Gott auf und macht sein Herz frisch und stark. Aber dann ergreift Gott von neuem die Initiative: er läßt alle Leidenschaften über ihn kommen, Stolz und Ehrgeiz und Ruhmsucht vor allem, und sein Leben stößt wie ein steuerloses Boot im Sturm gegen alle Riffe, bis er schließlich nicht mehr kann.

Wenn er so am Ende ist, zerschunden und zerbrochen, dann schickt ihm Gott, wie es heißt, die heilige Kraft, die ihm das Herz fest macht. Dann stellt er sich ganz und gar »unter das Joch des Heiligen Geistes«. Und Gott tut endlich die Augen seines Herzens auf, damit er »sehen kann, wer es ist, der ihn mit Kraft erfüllt«.
Es ist der gleiche, der ihn zu Boden wirft. In diesem geistlichen Dokument der Anfechtung wird Gott ja eine aktive Rolle zugewiesen. Er greift an, besiegt und hebt auf ins Leben. Aber eben dadurch siegt der Mensch, daß Gott über ihn siegt. Darin zeigt Anfechtung ihren tiefsten Sinn: es geht nicht darum, daß der Mensch heil durchkommt; es geht darum, daß er heil wird.
Angefochtenheit als Heilskampf, wir kennen dieses Motiv. »Wann des Sieges Stunde kommt, wissen wir nicht, aber das wissen wir, daß der Streit auf Leben und Tod geht.«[86]
Der Kampf wird hier als Erleiden Gottes erfahren. Das Wort von der »Teilhabe an der Christuspassion«, das im Vorwort der Benediktusregel wie ein Programm klingt, meint diesen Prozeß. Man kann nicht leben, wenn man nicht imstande ist, zu sterben. Man kommt nur mit zerbrochenem Herzen zu seiner eigentlichen Gestalt. »Der Mensch wird dann begreifen«, sagt Makarius, »daß es gut ist, ohne Ablassen sich an Gott zu halten, und daß sein Leben in ihm ist.«

Bilanz

Daß wir in einer Zeit erhöhter Konflikte leben, wird niemand leugnen. Die Neurotisierung so vieler, die Krankheitsbilder, die sich im Psychischen und Leiblichen ausbreiten, sprechen eine harte Sprache.
In dieser Lage gewinnt die Frage, was Anfechtung ist und wie man ihr begegnet, eine eminente Bedeutung. Das gibt auch unserer Anfrage bei den frühen Mönchen ihre aktuelle Note.
Ihre exemplarischen Versuchungssituationen: Einsamkeit und Zusammenleben, sind auch die unseren geblieben. Da-

bei ist nicht leicht auszumachen, was dem Menschen heute mehr zusetzt: die Isolierung, wenn keiner mehr für ihn sorgt und er für keinen Sorge tragen kann – oder die aufdiktierte Ordnung, die ihn einspannt, determiniert, seine Freiheit tief beschneidet. Auch der Alltag, der das beste Wollen stumpf werden läßt und auf den schönsten Idealismus seinen Staub legt, ist Feld der Anfechtung geblieben. Allenfalls rollt das Einerlei noch monotoner ab, die Zermürbung geht systematischer vor sich in einer technisierten Welt, wo die Natur mit ihrem Rhythmus weithin ausgeschaltet ist und die Menschen bei der Arbeit schon lange nicht mehr Psalmen singen.
Daß da viele in einer tiefen Resignation leben, stets in Versuchung, alles aufzugeben, daß hinter den Ausbruchsversuchen: in die Zerstreuung, die Sensation, die Rebellion, die andere Rolle, das Tempo, den Rausch, ein lähmender Nihilismus lauert, ist nicht schwer zu verstehen.
Hier sind die Mönche uns Lehrer. Was Entmutigung ist, Aufbegehren, Vereinsamung, innere Zerrissenheit, hat auch ihnen zugesetzt; sie kannten sogar die Verzweiflung. Aber sie wichen nicht davor aus, sondern gingen auf sie zu. Sie gingen gerade dorthin, wo jede Ausflucht versperrt war. Damit weisen sie auf etwas hin, was heute so wichtig ist: daß man sich der Anfechtung stellen muß. Man verdrängt Anfechtung nicht ungestraft. Man wird nur reif, wenn man auf sie zugeht.
Hinzu kommt aber noch etwas anderes. Auch das haben die Mönche zu bezeugen: Anfechtung erschöpft sich nicht in dem, was einer mit sich, was Menschen miteinander auszufechten haben. Konflikt ist die vordergründige Bezeichnung für das, was hintergründig anfällt und bestreitet. Wie viele erfahren das heute in Situationen, in denen Konfliktsbereinigung allein nicht mehr ausreicht. Wenn einer nicht mehr fertig wird mit sich und seinem Leben, wenn er sich immer wieder fragt, warum bin ich so, warum muß gerade mir das passieren, was soll das Ganze, an das ich gekettet bin – dann kann ihm Dasein überhaupt sinnlos werden.

Das ist Anfechtung, wie sie wirklich schmeckt. Analyse und Diagnose können bestenfalls eines feststellen: daß sie hier nicht mehr helfen können. Die Sache liegt tiefer. Eine letzte Aporie wird sichtbar. Der Mensch ist auf Selbstverwirklichung angelegt, aber er bleibt zeit seines Lebens ein Unvollendeter; als gesellschaftliches Wesen soll er mit anderen, mit allen Gemeinschaft bauen, die auf Gerechtigkeit und Liebe gründet, aber er kann es nicht, Unrecht und Streit sind nicht aus der Welt zu schaffen. Die Frage ist nur, ob man dagegen rebelliert oder sich diesem Sachverhalt stellt. Der Rebellion bleibt zuletzt keine Chance: sie endet in der Hoffnungslosigkeit. Der Mensch als Torso, die Gesellschaft als Anarchie wird dann fixiert. Sich stellen aber heißt: sich der Anfechtung stellen, die am Sinn des Lebens rüttelt. Womit ich unausweichlich gestoßen werde auf das, was ich nicht vollenden noch erkennen kann, das Sinngeheimnis, aus dem mein und aller Leben existiert.
Die Mönche nannten dieses Geheimnis Gott. Und wenn sie Anfechtung sagten, wußten sie zugleich um den Anfechter. Sie entschieden sich dafür, nicht vorbeizusehen an dieser letzten Konfrontation mit dem Göttlichen und dem Widergöttlichen. In ihr geht es um alles; wer ihr ausweicht, der ist bald am Ende; wer sich ihr stellt, der nimmt sich an als den Unvollendeten, aber Vollendbaren, der bejaht, daß er der Offene ist und vom Geheimnis getragen ist.
Für den Christen heißt das: glauben. Und zwar glauben an den, der sich in das Offene hineingegeben hat, als ihn die Anfechtung für alle überkam. Er hat den Streit auf Leben und Tod für alle durchgefochten. Seitdem gilt für den Christen, daß er nicht bestehen kann, wenn er sich nicht an Christus hält. Weil die Mönche das erfahren haben, weil sie Verwundung und Niederlage eintauschten gegen die Angstlosigkeit des von Christus Überwundenen und Gehaltenen, haben wir sie nötiger denn je.

5. Kapitel:

Der unverdrossene Mensch

Die verdammte Arbeit!, hört man heute viele sagen. »Nun arbeite und laß den Kopf nicht hängen«, redet dagegen der heilige Benedikt einem Bruder zu, dem er aus der Verlegenheit geholfen hat[87]. Das klingt ganz unzeitgemäß; es kommt aus einer völlig anderen Einstellung zur Arbeit, überhaupt zum Leben. Welche Haltung dahintersteht, welche Erfahrung ihr zugrunde liegt, das zu erschließen fällt uns Heutigen nicht leicht. Und doch ist es für uns von großer Bedeutung. Den frühchristlichen Mönchen war es vertraut; sie haben hier ein Wort zu sagen, das für uns hilfreich sein kann: es heißt Unverdrossenheit.

Lustlosigkeit, atmosphärisch

Trotz aller Evolution und Zukunftsplanung ist nicht die Unverdrossenheit, sondern die Lustlosigkeit, das Nicht-mehr-Mögen eines der hervorstechenden Merkmale unserer Zeit. Selbst die Vokabel »unverdrossen« ist fast verlorengegangen. Die Glaubensverkündigung bildet keine Ausnahme: auch da hört man mehr von Skepsis und Entmutigung als von Zuversicht, die guten Mut behält, wie es die Frohe Botschaft verlangt. Schlecht verhohlene Resignation oder mit Arbeit betäubte Verzweiflung paßt jedenfalls nicht zu ihr. Im Grund paßt sie auch nicht in eine Leistungsgesellschaft. Denn daß es einen verdrießen kann, daß einer gar verzweifeln möchte, ist im Arbeitsprozeß, im Existenzkampf nicht gefragt. Gefragt ist Tüchtigkeit, Präzision, tadelloses Funktionieren; damit wird das Soll erreicht und der Prozeß in Gang gehalten. So verlangt es die Sache, und mehr interessiert hier nicht.
Pure Sachlichkeit ist aber unmenschlich. Sie überanstrengt, und zwar so tiefgreifend, daß ausgerechnet das, was hier nicht gefragt ist, wie giftiger Nebel die Luft ver-

schmutzt. Etwas davon wurde bereits vor 20 Jahren von J. Pieper beschrieben als »träge Traurigkeit der acedia«[88]. Inzwischen hat sich dieser Zug noch tiefer in das geheime Gesicht unserer Zeit eingegraben – man denke nur an das Heer der Jungen, Ratlosen; trotzdem ist es nicht leichter geworden, genau zu sagen, was da in der Luft liegt. Jeder kann es merken, man atmet es fortwährend ein; man spürt das Kranke daran. Aber bestenfalls erkennt man die Symptome, nicht die Krankheit selbst.

Krank im Lebensmark

Woher kommt es denn, daß so viele die Lust an allem verlieren und zu verzweifeln anfangen? Wir haben es weithin vergessen. Wir haben verlernt, zu deuten, was doch auf Schritt und Tritt begegnet: Langeweile, verdrossenes Dahintreiben ohne Ansprechbarkeit, aber auch Rastlosigkeit, ausschweifende Unersättlichkeit, Sich-Ergehen in Utopien, die mit Gewalt eine heilere Welt durchsetzen wollen, auch wenn es über die Anarchie geht, jedenfalls Ausbrechenwollen aus dem Vorgegebenen, Arbeitswut, Süchtigkeiten aller Art, wahlloses Experimentieren bis hin zur bewußten, »boshaften« Entscheidung gegen das Gute. Daß das alles von einem einzigen Krankheitsherd stammt, sehen wenige. Was ist das für ein Herd? Was nimmt immer mehr Menschen den Wind aus den Segeln oder was treibt sie ziellos fort, läßt sie nicht mehr mit dem Leben fertig werden, heimlich oder offen kapitulieren?

Sagen wir es in einem ersten Ansatz: Es handelt sich um eine Erkrankung im Kern der Existenz, im Lebensmark. Der Mensch, erschlafft oder fiebrig geschäftig, scheut zurück vor etwas, auf das er von Natur aus angelegt ist. Er hat Angst, weil er Unerreichbares, aber Existenznotwendiges vor sich sieht: Wirklichkeitsbewältigung, Verwirklichung seiner selbst. Er fühlt sich dem nicht gewachsen und kann ihm doch nicht ausweichen. So schwankt er hin und her zwischen Entmutigung und Vermessenheit; zwischen schleichender Skepsis und Resignation auf der einen

Seite und dem Willen, selber zu schaffen, was aus Eigenem nicht zu schaffen ist, auf der anderen Seite. Wer sich die Zuversicht nicht nehmen läßt, auch wenn der Weg zum Ziel mühsam ist und er sich helfen lassen muß, wer die Hoffnung nicht aufgibt, daß alles seinen Sinn hat und daß es eines Tages aufgeht, der kommt auf die Bahn der Unverdrossenheit; im anderen Fall gerät er in den Sog der Angst, die – als permanenter Überdruck – verdrossen macht. Je mehr ihn dieser lähmende Sog erfaßt, desto unfähiger wird er, auf die ihm aufgegebene Verwirklichung zuzugehen. Damit stockt das Leben überhaupt; Entwirklichung setzt ein. Und es läuft auf die gleiche Erkrankung hinaus, ob einer sich entwirklicht, indem er sich anfüllt mit Außenwelt, oder ob er die Welt entwirklicht, indem er sich in alles hineinprojiziert. »Das Geistige im Menschen kommt nicht mehr zum Leben und kann doch auch nicht sterben«[89]. Ein langsames Hinsiechen; wen es erfaßt, dem trübt sich das Dasein, bis es keinen Sinn mehr hat. Dann lohnt es sich nicht mehr.

...»ob nicht einer der Brüder in der Lustlosigkeit angetroffen werde« (RB 48, 18)

Die Mönche kannten diese Krankheit sehr gut; sie hielten »acedia«, Lustlosigkeit, sogar für eine ihrer größten Gefahren. Man reihte sie ein in den Katalog der acht Hauptlaster; sie galt als Sünde. Ihr gab man die Schuld, wenn einer nicht Mönch bleiben oder wirklich werden konnte. »acediari«, erschlaffen, die Kraft des Durchhaltens verlieren, stellt etwa die Antonius-Vita in entschiedenen Gegensatz zur Grundhaltung des Mönches, zum »Nichtablassen von der vergöttlichenden Mühe«, der Aszese[90]. Also eine ganz bestimmte Art von Erschlaffen oder Nicht-mehr-Mögen. Der Mensch beginnt daran zu zweifeln, er bekommt es mit der Angst zu tun, daß die steile Forderung des Mönchslebens, die Gott-Suche, dem angemessen bleibt, was er kann. Wäre es nicht möglich, daß sie zu hoch für ihn ist, daß er sich umsonst plagt, ja daß sein Lebensopfer im

Mönchtum vergeblich bleibt, ihn nicht zum Ziel führt?[91] So oder so überkommt ihn die Versuchung, das Ganze hinzuwerfen.

Wie der Zweifel, die Angst, die Unsicherheit und Unzufriedenheit, das Schwanken und schließlich die Verzweiflung den Menschen Stück für Stück lahmlegen, weiß man genau. Man hat es oft erlebt. »Der Geist des Überdrusses gesellt sich dem Geist der Traurigkeit zu«, analysiert Evagrius Ponticus. »Er setzt den Mönchen dauernd zu. Er ist nagend und äußerst bedrückend. Unruhe und Erschlaffung bewirkt er, Haß gegen den Aufenthaltsort (die Wüste, das Kloster) wie auch gegen die Brüder, die mit ihnen zusammen leben«[92]. Alles Draußen, alles Fremde sieht auf einmal glorreich aus, alles Eigene dagegen armselig, unerträglich eng und vor allem wenig förderlich für den Weg zu Gott. Muß man also nicht anderswohin gehen, fort aus der abschnürenden Atmosphäre des Klosters, der Zelle, etwas Sinnvolleres, Ersprießlicheres, »Geistlicheres« tun? Wie der Mensch auf diese Weise hin- und hergerissen wird, bis er schließlich gar nichts mehr tut und alles laufen läßt oder aber das Mönchskleid an den Nagel hängt, das schildern die Texte mit aller wünschenswerten Psychologie. Erfahrung kommt darin zum Ausdruck und eine tiefe Kenntnis des Menschenherzens.

Aber es steht mehr dahinter. Der »Geist« des Überdrusses ist wörtlich gemeint. Seit Origenes spricht man davon, daß außermenschliche Kräfte am Werk sind. Auch Kassian erwähnt in diesem Zusammenhang den »Mittagsdämon, der im 90. Psalm genannt wird«[93]. In der lähmenden Hitze um die Mittagszeit kann der Widergeist leicht vom Menschen Besitz ergreifen – eine Feststellung, die man später entwicklungspsychologisch auf die Krise der Lebensmitte bezogen hat[94]. Man kann über solche transpsychische Realitäten denken, wie man will; daß durch sie die Szenerie um eine Dimension vertieft wird, läßt sich nicht leugnen.

Wenn wir den Mönchen Glauben schenken, geht es somit um mehr als um Verstimmungen, psychische Schwankungen oder moralische Defekte. Es geht um den Sinn der Entscheidung, auf die der Mönch hin sein Leben gewagt hat und durchhalten muß: im Einssein mit Gott sich selbst zu verwirklichen. Darauf hat er gesetzt mit allem, was er hat und ist. »acedia« ist für ihn deshalb so gefährlich, weil sie ihn dazu bringen kann, dieses Ganze hinzuwerfen und damit den Kern der Verwirklichung seiner selbst, den Ur-Sinn eines Menschenlebens zu verfehlen. Nicht umsonst waren die Alten der Ansicht, hier gehe es um einen entscheidenden Punkt in dem Heilskampf, der nicht mit Fleisch und Blut, sondern mit den Gott verneinenden Mächten auszutragen ist.

Die Versuchung, aufzugeben, liegt um so näher, als die letzte Wesensverwirklichung in der vollkommenen Liebe, im vollkommenen Einssein mit Gott und den Menschen erst im anderen Leben gegeben ist. Der Anspruch jedoch, die Forderung steht steil aufgerichtet schon jetzt da. Wer sich wie der Mönch von ihr gestellt weiß, sie in sich spürt, dem kann eines Tages – blitzartig oder nach langsamer Entkräftung – der Anspruch zur unerträglichen Über-Forderung werden. Und dann wird im Herzen nicht selten etwas wach wie ein diabolisches Nein, das sich steigern kann zum erschrockenen Haß gegen alles, was Gott will, bis zum offenen Widerwillen gegen ihn, den Guten, vor dem der Mensch sich als gnadenlos und heillos erfährt. Ob das in der Empörung zum Ausdruck kommt oder in einer erschlaffenden, trägen Traurigkeit, macht nicht viel Unterschied. In beidem versagt sich der Mensch dem göttlich Guten, das die Wirklichkeit, der erlösende Sinn seines Lebens sein will. Recht eigentlich in diesem Sich-Verweigern sehen die Mönche den Kern der Krankheit.

Bejahte Mühe

Kann man dieser lebensbedrohenden Gefahr, der Sinnverfehlung des Daseins im ganzen, entkommen? Man kann es, sagen die Mönche, obwohl man sieht, daß der Anspruch, sich zu verwirklichen, nicht nur Mühe kostet, sondern das Unvermögen, ihm zu entsprechen, an den Tag

bringt und die Vergeblichkeit wie eine lähmende Last verspürt wird. Nur muß man sich von einem Urvertrauen tragen lassen, von dem Vertrauen, daß die Sehnsucht nach Heilheit und Ganzheit, nach Gott nicht trügt, daß die Hoffnung, das Ziel zu erreichen, also nicht unsinnig ist.
Das vergessen viele. Sie wissen und erfahren: das Leben ist Mühe. Aber sie plagen sich nur ab mit den äußeren Mühseligkeiten und sehen nicht, daß darin etwas Umfassendes zum Ausdruck kommt, das mit unserem Heil zu tun hat: die Unerlöstheit, aus der heraus die Kreatur »seufzt und in Wehen liegt« (Röm 8, 22). Die Schöpfung kann aus sich nicht zu der Erfüllung und Vollendung kommen, auf die sie angelegt ist. Sie fühlt das Drängen dazu als quälende Ängstigung, sie ist krank vor Sehnsucht und kann sich doch nicht helfen. Auch nur zu artikulieren, was sie quält, auch dazu ist sie nicht imstande. Hier, sagen die Mönche, kann nur eines helfen: die Gott-Suche. Sie deckt die Krankheit auf und schenkt zugleich Hoffnung.
Damit ist die Bedrohung durch die Vergeblichkeit nicht ausgeschaltet. Gegen sie anzugehen, macht ja die eigentliche Mühe aus. Das ist der Sinn, wenn es heißt: »Mönchsein ist Mühe« und: Mönch ist einer, der »bis zum Tod Mühe an Mühe reiht«[95]. Genauso wie überall ist damit zunächst der mühsame Werktag gemeint und alle Plage sonst, die Menschsein im Auf und Ab eines Erdentages bedeutet[96]. Aber für den, der Gott sucht, wird die Mühe durchsichtig auf das Ziel hin. »Harte Mühe kostet es, Gott zum Zeltgenossen zu bekommen«, heißt es bei Makarius[97]. Das ist der hohe Preis, den das hohe Ziel kostet. Wer Gott zum Zeltgenossen hat, der ist geborgen, zu Hause; er kehrt zurück zum paradiesischen Ursprung, dorthin, wo Menschsein hieß: sich finden in Gott. Diese Erfüllung alles Heimverlangens, diese Stillung der Sehnsucht, die durch die ganze Schöpfung und Geschichte geht, wird nur dem zuteil, der viel Mühsal auf sich genommen hat. Die Mönche wissen, daß das so ist, daß es gar nicht anders sein kann. Und so können sie die Mühe, die das Leben mit sich bringt, die es ist, recht einordnen und relativieren. In der äußeren

Plage wie im inneren Ringen artikuliert sich ihnen das Heimweh der Kreatur, die nach Gott stöhnt und die zugleich vor Gott flieht. Im Blick auf das Ziel hören sie die eigentliche Not heraus, ihre Ursache, ihren Sinn. Und so sträuben sie sich nicht, Mühe auf sich zu nehmen. Ja sie gehen ihr freiwillig entgegen: In der Aszese üben sie den Tod ein, diese äußerste Mühe, die es kostet, bei Gott geborgen zu sein, vom Unbehagen der Schöpfung befreit zu werden und damit in ihre Erfüllung, in ihr Heil zu kommen.

Das ist etwas völlig anderes als verquälte Leidenssucht. Die Mönche suchen die Mühe nicht um der Mühe willen. Weil Gott nicht anders zu haben ist und weil er ihnen alles wert ist, darum bejahen sie das »Harte und Rauhe«, das der Weg zu ihm an sich hat[98]. Das erkannte Ziel und die Hoffnung, es zu erreichen, lassen alle Mühe auf sich nehmen.

Auch das hat seine Entsprechung im Humanen. Wer zu seiner Arbeit kein Verhältnis hat, der tut sie lustlos. Wenn er aber ein Ziel vor Augen hat, das sich lohnt, oder wenn er die unerfreuliche Arbeit einem nahen Menschen zulieb tut, oder wenn er erfährt, wie bewältigte Mühe befreit, läßt er sich's nicht verdrießen. Gleichsam unbesehen nimmt er die Mühe auf sich. Das sind Vorformen der geistlichen Unverdrossenheit. Sie wurzeln in der Lust zum Durchhalten, einer vitalen, nahezu unversieglichen Kraft der menschlichen Natur; noch im brutalen Klima der Zwangslager unserer Zeit kann sie zum Tragen kommen: als zähe Verbissenheit, als Überlebenwollen um jeden Preis, oder auch als Freundschaftsdienst bis zum letzten. Wenn einer aber das Mühsame bejaht, weil anders nicht zu Gott zu kommen ist, überschreitet er die Grenzen des Vorhofs. Er dringt in den Innenraum vor, wo ganz andere Kräfte freigesetzt werden, als sie ihm aus dem Hiesigen, dem unmittelbar Einsichtigen zukommen können. Hier fallen die wirklichen, die letzten Entscheidungen.

Triebkraft der Unverdrossenheit

Niemand wird unter Aufbietung aller Kraft etwas anzielen, von dem er nicht bereits einen Vorgeschmack hat. Nur wer Faszination verspürt, setzt alles daran, das Lockende zu erreichen. Faszination ist die eigentliche Triebkraft der Unverdrossenheit; sie geht aus von einem Ziel, das den Menschen irgendwie schon erfüllt.

In anschaulicher Weise wird das deutlich in einem bereits erwähnten Bildwort, das uns die frühe Überlieferung der Mönche aufbewahrt hat. Ob man nicht irre werden muß, wenn man sieht, wie manch einer sein Mönchtum wieder aufgibt? heißt die Ausgangsfrage. Die Antwort: Schau dir einmal Hunde auf der Jagd an. Einer sieht den Hasen, springt auf und rennt ihm nach. Die anderen sehen den Hasen nicht, rennen aber mit, ein Stück weit; dann verlieren sie die Lust, werden müde, kehren um. Der vorn merkt das gar nicht. Er sieht nur seinen Hasen. Hinter ihm läuft er her und läßt sich durch nichts abbringen: nicht durch Steine und Schluchten, nicht durch Gestrüpp und Dornen. Er verkratzt sich, läuft sich wund, aber er gibt nicht auf, bis er den Hasen hat. So, sagt der Mönchsvater, »soll der Mönch, dem es um den Herrn Christus zu tun ist, unbeirrbar auf ihn schauen«, bis er zu ihm gelangt[99].

Der Hund, der den Hasen wittert und sieht, muß ihm nach, ganz gleich, was es kostet. Er und der Hase gehören zusammen. Der Grund dafür, daß der Hund nicht aufgibt, liegt eben darin, daß ihn das Ziel unwiderstehlich lockt. Unwiderstehlich ist aber auch die Lust zu jagen. Im Erjagen wird der Hund er selber, im Laufen, in der Anspannung entfaltet er die ihm eigenen Kräfte, befreit er sich, noch ehe er zupackt. Das ist ein Bild für den Prozeß der Gott-Suche, des Sich-Findens in Gott. Bevor der Mensch sucht, hat sich Gott schon auf die Suche gemacht. Er schenkt die Witterung und das Verlangen, der Mensch wird unwiderstehlich angezogen, und obwohl er es erst später weiß, folgt er instinktiv diesem Urverlangen. Plötzlich kommt ihm Gott wie nie in den Blick, leuchtet er vor ihm auf wie ein Licht, ein aufgerissener Horizont, trifft er ihn wie ein Ruf, der ihn im Innersten stimmig, glücklich macht. Da packt es ihn, er muß hinter ihm her wie der Hund hinter dem Hasen, gefangen von der Beute, bevor er sie ergreift, befreit und selbstvergessen, in einer Faszination, die nicht loslassen kann, auch wenn es Wunden kostet und äußerste Anstrengung. Das heißt Mönchsein; und die Leidenschaft kommt an kein Ende, solange das Ziel – Gott – nicht aus dem Blick verloren wird, solange der Mönch ihn wittert, von ihm sich erfüllen läßt.

Grenzscheide zwischen Sinnerfüllung und Sinnverfehlung

Aber gibt es nicht solche, die Gott erfahren haben und dennoch aufgeben? Die Frage ist der Auslöser für das Jagdgleichnis; zugleich sprengt sie das Bild. Das Ziel des jagenden Hundes ist ja zu erreichen, wenn auch mit äußerster Mühe; der Gott Suchende kommt auf Erden aber nicht ans Ziel. Man ersieht daraus, wie messerscharf der Grat ist, auf dem der Mönch seinen Weg durchhalten muß. Gott treibt ihn in die Enge, mit jedem Schritt, den er tut, entscheidet er zwischen Gott und Nicht-Gott, es gibt für ihn nur diese Alternative zwischen Sinnerfüllung und sinnverfehltem Leben.

Dabei mag er sich entscheiden, wie er will: nie geht es ohne Verwundung ab, die bis ins Mark dringt. Das verschärft die Versuchung bis aufs äußerste, sich der Alternative nicht zu stellen, alles hinzuwerfen, den scheinbar leichten Weg zu gehen, so zu tun, als sei Gott nie in den Blick gekommen. Aber es wäre illusorisch: auch dann würde er Gott nicht entrinnen. Seine Situation ist die des Reichen Jünglings; er ist für sein Leben gezeichnet, Gottes Geschoß sitzt ihm im Fleisch. Wenn er sich versagt, vor Gottes Anspruch flieht, muß es auch von ihm heißen: »Er ging traurig seines Weges« (Mk 10, 22). Traurig, weil er, ins Mark getroffen, die Tür zuschlägt vor dem, der ihn allein heilen kann. Je mehr er vor ihm flieht, desto tiefer rennt er sich das Geschoß ins Fleisch (Fénélon). Seine Wunde ist unheilbar.

Und wenn er sich Gott ergibt? Auch dann ist er ins Mark getroffen. Nur ist seine Wunde anderer Art. Nun weiß er um Gott, und nach nichts anderem steht sein Verlangen. Aber der, dem sein Herz gehört, ist ferner denn je. Das macht ihn wund, und zugleich macht es ihm die Wunde unentbehrlich. Er trägt sie wie ein Zeichen der Berührung, der Nähe und Zuwendung, als beginnende Vereinigung mit dem, den allein er sucht. Das geheimnisvolle Gebetsweinen, von dem bereits die Rede war (vgl. Kap. 1), gehört hierher, diese freudige Trauer des Herzens, das an Gott zerbricht und zugleich von ihm getröstet wird. Gregor von Nyssa bringt diese von den Mönchen scheu verschwiegene Erfahrung ins Wort[100], am Anfang einer Kette von Texten, die durch die Jahrhunderte hindurch das Motiv der göttlichen Verwundung auf vielerlei Weise variieren. Das Thema bleibt das gleiche: Sehnsucht des von Gott Getroffenen; immer schmerzlichere Entbehrung dessen, der immer ausschließlicher gesucht wird und sich doch unendlich zu entziehen scheint; Nacht und aufbrechender Glanz darin; Aufgerissenwerden vom göttlichen Geschoß, das ins innerste Leben trifft und eben so das andere, eigentliche Leben eindringen läßt; Verwundung schließlich, die das sündige Gewebe wie eine Eiterbeule aufbricht und so die Genesung eröffnet. Ja die Seele, eben noch getroffenes Ziel, erkennt sich ihrerseits als Pfeil in den Händen des göttlichen Schützen. Sie fühlt sich auseinandergerissen im Herausgeschnelltwerden aus dem Noch-Nicht (des Zeitlichen, Vertrauten, Ichhaften) und im Schon-Ergriffensein vom Schützen, der zugleich Zielkraft und letztes Ziel ist in diesem unergründlichen Erfahrungsbild.
Unverdrossenheit wird hier zum Leiden an Gott, in dem der Mensch gleichwohl zur Ruhe kommt. Bald herrscht das eine vor, bald das andere. Der Prozeß muß durchgetragen werden. Aber wer das tut, wer die Verwundung aushält und im Hell-Dunkel des Glaubens sich stirbt auf Gott hin, der gelangt in eine große Kraft. Es ist die Kraft der Geduld. Was immer ihm genommen werden mag, ob durch die Beraubungen des Lebens, ob durch die Entzüge der Aszese,

nichts kann ihn mehr zum Aufgeben bringen. Auch eine tiefe Versehrung kann der Mensch dann aushalten, ohne zu zerbrechen. Seitdem ihn Gott verwundet hat mit seiner Liebe, sieht er, wie das Vorläufige den Anbruch der Erfüllung hinauszögert, weiß er vor allem, daß das Geflecht der eigenen Wünsche, ja das Gefängnis der Sündhaftigkeit aufgerissen werden muß, soll das Heil beginnen, das für ihn Gott heißt. Und so sucht er nicht, mit heiler Haut davonzukommen; er sucht im Gegenteil die Wunde des Einen, der endgültiges Heil schafft und die Kraft des Durchhaltens eröffnet: den geduldigen Christus. Vor ihm tritt endlich alles zurück, die Mühe des Sich-Lassens, der Schmerz der tausend Wunden, die das Leben schlägt, die ganze mühsame Gegenwart mit ihren Finsternissen und Hindernissen. Vor dem geduldigen Christus löst sich der Mensch in dieses unendliche Wissen, daß nichts vergeblich ist. Und die Alternative zwischen Sinnerfüllung und Sinnverfehlung wird zur Wahl einer Hoffnung, der nichts mehr Sinn gibt und die nichts mehr im Sinn hat als Gott. Sie ahnt im Sterben schon die Auferweckung. Erst dann aber, sagen die Mönche, wenn einer so hoffen lernt, hat er die »acedia« besiegt, ist er unverdrossen.

»Mit inständigem Gebet« (Reg BEN, Prolog 11)

Sinnerfüllung ist Gnade; Gnade ist auch das Glauben, das Hoffenkönnen. Man kann sich dafür auftun, erzwingen kann man sie nicht. Weil die Mönche davon tief durchdrungen sind, hat das Gebet in ihrem Leben einen unersetzlichen Platz.

Mönchsleben ist nicht nur Gebet; aber ohne Gebet ist es nichts. Wenn Mönchsein die Mühe bedeutet, sich zu lassen, um sich in Gott zu finden, so ist Gebet eine besondere Verdichtung dieser Mühe, nicht mehr, aber auch nicht weniger.

Im Gebet verwirklicht sich immer schon ein Stück Einssein mit Gott; im Lob, in der Danksagung, im Jubel kommt das zum Ausdruck. Aber zuvor und danach bleibt Gebet in diesem Leben Bittgebet. Es ist Bitte um Hilfe unterwegs; sich artikulierende Suche nach Gott als dem Sinngeber und Sinn. Das Schreien aus der Tiefe, in der die Not der Kreatur erlitten wird, ihr Heimweh wie ihre Ohnmacht, Gott nahe zu haben, ist sogar das Urgebet des Menschen. In diesem Rufen und Schreien sammelt sich das Seufzen der unerlösten Schöpfung, das stumm durch die Mühsale des Lebens geht; und es kann nicht zur Ruhe kommen, ehe es nicht vom Geist aufgenommen und weitergetragen wird, der mit ungeworteten Seufzern betet, was der Mensch nicht zu beten weiß (vgl. Röm 8, 26).

Im Latein der ersten christlichen Jahrhunderte gibt es das Wort »instantia«. Es besagt zunächst: ganz und gar zur Stelle sein, etwa vor Gericht, wo es etwas durchzubringen gilt; dann auch im monastischen Leben, in seiner Anstrengung, seinen verschiedenen Übungen. Mit der Zeit jedoch verengt sich die Wortbedeutung auf die durchhaltende Gott-Suche beim Gebet. »Mit ganz inständigem Gebet« soll der Mönch Gottes Hilfe suchen, wenn er etwas Gutes ins Werk setzen will; andererseits kann er gar nicht inständig bitten, wenn Gott nicht die Ausdauer schenkt[101]. Das Zweifache der Unverdrossenheit kommt hier nochmals vor Augen: sie kostet Mühe, die einer nur aufwendet, wenn er ein lockendes, lohnendes Ziel vor Augen hat; zugleich muß er sich helfen lassen, weil das Ziel mit aller Mühe auf Erden nicht zu erreichen ist. Kein noch so inständiges Gebet kann Gott anrühren, wenn dieser sich nicht schenkt; was wiederum allein zum Durchhalten stark macht, im Gebet nicht anders als im gottsuchenden Leben.

Im Grund sind Gebet und Leben nicht voneinander zu trennen. In beiden geschieht Verwirklichung auf Gott hin; in keinem von beiden geschieht sie, ohne daß der Mensch sein Habenwollen und seine Angst vor der Mühe, der Verwundung aus dem Spiel läßt; in beiden kommt schließlich Erfüllung nur vom Geist, wenn für sein »Seufzen« Raum gelassen wird und für seinen geheimnisvollen Ruf nach dem Vater. Gewiß muß man das Gebet üben. »Sich häufig auf das Gebet werfen«, ist neben dem Chordienst unerläßlich[102]; jeder der Mönchsväter sagt es auf seine Weise. Auch verschweigen sie nicht, was für eine schwere Mühe Beten kostet. Aber Beten nicht als isolierte Feier, sondern als Leben, das sich läßt in Gott. Der ganze Mensch muß nach der Benediktusregel eingebracht werden in das vorgegebene Psalmwort; auch im spontanen, persönlichen Gebet muß er sich selbstvergessen hergeben, ohne viele Worte, in der Reinheit des Herzens[103]. Immer geht es um das Ziel des ganzen Mönchslebens. Und wie der innere Mensch beständig wird im beharrlichen Gebet, so hält er auch im Wandel mit den Menschen unbeirrbar fest an diesem Ziel.

Gleichwohl hat die Mühe, sich in Gott zu verwirklichen, im Gebet ihr eigenstes Feld. Man kann das nachlesen etwa in der berühmten Abhandlung des Johannes Kassian über den Psalmvers: »Gott, merk auf meine Hilfe«[104]. Fast wie eine Bestandsaufnahme der Versuchungen zur »acedia« klingt es, was da aufgezählt wird: gegen Schlaf und Schläfrigkeit muß man angehen, gegen Hunger und Hitze, das Auf und Ab der Stimmungen, gegen Zerstreuungen und Herzensträgheit, selbstgenügsame Sollerfüllung, Routine und das niederdrückende Gefühl der Vergeblichkeit. Das alles und namentlich das letzte – der nagende Zweifel, ob es Sinn hat, ob nicht Beten und Ringen und Leiden um das Heil ins Leere stoßen – ficht den Beter an. Es kann ihn versuchen bis zur teuflischen Traurigkeit darüber, daß Gott gut ist und daß das Herz ihn will, seine Hilfe aber von sich weist. Hier, im Umgang mit den göttlichen Dingen, kommt am unverstelltesten zum Vorschein, was unerlöste Kreatur ist: sie kann aus Eigenem nicht zur Erfüllung kommen und bleibt hoffnungslos mit ihrer Ohnmacht konfrontiert, solange sie sich nicht auftut für die Gnade. Das macht wiederum die Grenzscheide zwischen Sinnerfüllung und Sinnverfehlung sichtbar wie nirgendwo sonst: weil Beten ja allen Sinn verliert, wo einer sich nicht aufgibt, um sich Gott zu überlassen. Ein Entschluß, der nie zum festen Besitz werden kann; weshalb das geglückte Leben steht und fällt mit dem »inständigen« Gebet.

Gibt es somit auf Erden nur die Mühe um Gott, nur Unterwegsbleiben im Schreien um Hilfe und so auch nur in Hoffnung? Oder überkommt den Menschen manchmal doch eine Ruhe, die mehr ist als bloße Hoffnung, weil das Herz schon irgendwie angekommen ist bei Gott? Die Mönche wissen, daß es das gibt. Wie selten, das zeigt ihre fortdauernde Mühe; wie real, zeigt deren Bejahung. Hell und hörbar wird dieses Ja im Lob, das sie Tag und Nacht dem Schöpfer darbringen sollen, stellvertretend auch hier für die ganze Kreatur in ihrer Drangsal und stummen Sichtlosigkeit. Wobei das vollkommene Lob dem ewigen Einssein mit Gott vorbehalten bleibt. Aber einen Vorgeschmack der ewigen Feier kann das Lob unterwegs zu kosten geben und damit Kraft zur Unverdrossenheit, die sich auf den Einen hin artikuliert. Er allein gibt allem Sinn und erfüllt jedes Menschenleben. Unverdrossenheit auf ihn hin kann – wie Gott-Suche überhaupt – die Krankheit aufdecken, an der so viele leiden, kann Hoffnung wecken im Heimweh nach Gott.

Hilfreiche Erfahrung?

Läßt sich solche Unverdrossenheit noch realisieren? Man wagt es kaum mehr zu behaupten. Dennoch gilt auch für unsere Zeit, daß die Unverdrossenheit der Mönche exemplarisch ist. In ihr formt sich aus, was allgemeine Gültigkeit hat: daß nämlich die Sinnerfüllung in der Verwirklichung seiner selbst, das sich mitteilende Glück der Identität jedem Menschen lebensnotwendig ist. Es ist ihm eingeboren. Er muß darauf zu.
Das äußert sich in einem oft untergründigen, nicht reflexen Verlangen nach einem Ideal, das die hiesigen Kräfte übersteigt. Etwa nach einer geordneten, heilen Welt. Der Mensch will sie schaffen. Er fühlt sich nicht wohl in der Unordnung, im unaufgeräumten Zimmer ebenso wenig wie in einer Gesellschaft, deren Krisensituation in beängstigender Weise zunimmt. Aber es gelingt ihm nicht, die heile Welt bleibt ihm unerreichbar; und wo sie doch für einen

kurzen Augenblick an irgendeinem Punkt zustande zu kommen scheint, zerbricht sie bald. Dennoch setzt er immer wieder dazu an und kapituliert erst beim letzten Atemzug. – Oder wenn Menschen sich einander schenken, sich gehören wollen, bleibt ihnen die Erfahrung, die Verwundung nicht erspart, daß ihnen das in diesem Leben nur in kargen Gesten möglich ist, daß sie (noch ganz unabhängig von der Selbstsucht) im tiefsten nicht zusammenkommen können, daß ihre Liebe Bruchstück bleibt und Sehnsucht aus der Ferne.

Dennoch greift der Mensch hier und an vielen anderen Stellen nach dem Unerreichbaren, er kann gar nicht anders. So wird er ständig mit seiner Ohnmacht konfrontiert. Was er will, ist größer als er. Die totale Sinngebung, auf die er von Natur aus hinstrebt, bleibt ihm unerreichbar. Aus Eigenem kann er sich nicht verwirklichen. Er muß mehr wollen, als er kann, und diese Mühe ist enorm.

Daran ändert auch nichts seine wachsende Macht im Zeitalter des technisch-wissenschaftlichen Fortschritts. Die Ziele schieben sich nur ein wenig weiter vor ins Unerreichbare; die Ohnmacht wächst mit. Der Tod auf den Straßen, in der Luft, am Operationstisch, die tausend ungeahnten Probleme, die dicht neben dem Erfolg aus dem Boden schießen, die Sackgasse, in der immer mehr Alternativen im persönlichen und gesellschaftlichen Leben zu enden scheinen, lassen das »Seufzen« auf der Erde nicht verstummen. Vor allem garantiert der Machtzuwachs keineswegs Erfüllung in menschlicher Selbstfindung. Die Sinnleere greift um sich, die Angst vor dem verfehlten Leben packt immer mehr Menschen.

In dieser Lage wächst auch die Versuchung, die Mühe abzudrängen, die Menschsein bedeutet. Viele gehen den bequemeren Weg, suchen in Pseudolösungen auszuweichen, kurzfristige Sinnerfüllung vorzutäuschen. Aber das Unbehagen geht mit. Nur der Glaubende kann es überwinden: weil er die Verheißung annimmt, die im Unerreichbaren verborgen ist, weil er die Mühe auf sich nimmt, die auf Erden mit glücklicher Notwendigkeit nicht zum Ziel kommt.

Glauben ist schwer, und Nichtglauben ist vielleicht die tiefste Ohnmacht, vor die sich der Mensch heute gestellt sieht. Aber die verzehrende Traurigkeit, die das mit sich bringen kann, ist nur der Schatten der Seligkeit, die Glauben bedeutet. Viele wünschen denn auch, oft uneingestanden, es möchte etwas geben, was man glauben könnte. Man will den Horizont offenhalten (Machovec), hat das sehnsüchtige Verlangen, das Grauen möchte in dieser Welt nicht das letzte Wort behalten (Horkheimer); man verspürt den Durst, auch wenn man nicht weiß, ob ihm eine Quelle entspricht (Garaudy). Vorformen des Glaubens? Oder heutige Formen der Unverdrossenheit?
Wie man es nennen mag, eines ist sicher: die Gegenwartssituation duldet kein Ausweichen mehr in das Niemandsland. Weniger denn je reicht das Unverbindliche. Es mehren sich die Fälle, wo es nur mehr ein Entweder-Oder gibt. Wer der Alternative aus dem Weg geht, macht sich zum Versager. Das heißt nicht, daß alles perfekt sein muß, soll es nicht als mißglückt gelten: Institution, Gesellschaft, Existenz. Das wäre ein falsches Ideal. Zum Menschlichen gehören die Fehler, die Defekte und Schwächen; immer und sogar mit Notwendigkeit werden wir zurückbleiben hinter dem, was wir sollen und wonach wir greifen müssen. Nur aufgeben darf man nicht. Was freilich nur möglich ist, wenn durch alle Mühe des Durchhaltens und noch durch die schmerzlichsten Sackgassen die letzte Alternative durchblickt. Jeder von uns ist in sie hineingebracht worden. So ist der Mensch, sagen die Mönche: ein Überforderter auf dem schmalen Grat zwischen Sinn und Sinnlosigkeit, Tod und Erfüllung, ein dennoch nicht Verzweifelnder, solange er sich halten läßt. Sie sagen es mit dem Blick auf Gott. Sie haben das Ewige, Endgültige sozusagen blank anvisiert. Solcher Durchblick gelingt nicht in jedem Leben. Aber für jedes Menschendasein gilt, daß es in ihm zuletzt um nichts anderes geht als um Heil oder Unheil. Weil der Gott des Heiles hinter allem steht, auch hinter dem oft aussichtslosen Kampf um soziale Gerechtigkeit, auch hinter dem Ringen um Frieden – der Völker, der

Rassen und Religionen, der Herzen –, darum und nur darum hat es Sinn, durchzuhalten. Wer das vergessen hat, muß zwar nicht in jedem Fall die Flinte ins Korn werfen: es gibt eine glückliche Inkonsequenz, es gibt auch einen Mechanismus im Menschen, der weiterläuft, wo längst alle Straßen zu Ende sind. Aber nur dort verrennt sich das Durchhalten nicht ins Irreale, endet es nicht schließlich doch in der Sackgasse, wo Sinn aufleuchtet, wie er zuletzt nicht vom Menschen kommt. Ihm entspricht jene Hoffnung, die nicht zuschanden werden läßt (Röm 5, 5). Die Mönche haben sich für sie entschieden.

6. Kapitel:

Der freundschaftliche Mensch

»Wie soll man einem Menschen den Glauben beibringen, wenn er nicht wenigstens eine Spur von Ahnung davon hat, daß Gott ihn wie einen Freund liebt?« René Voillaume, der Gründer der Kleinen Brüder und Schwestern, trifft mit seiner Frage ins Schwarze. Gott Du zu nennen und sich also für ihn zu engagieren fällt heute schwer, weil es immer schwieriger wird, zu glauben, daß Gott uns – in dieser absurden Welt – irgendein persönliches Interesse entgegenbringt. Und doch ist Jesus Christus gekommen, um uns das zu sagen. Sein Wort und sein Leben waren die Botschaft, daß Gott jeden Menschen liebt mit einer »zarten Freundschaft, in der er einen jeden bei seinem Namen nennt«[105].

Andererseits ist Freundschaft wie alles, was Dauer will und braucht, in die Krise geraten. Man redet sachlicher und ohne Emotionen von Partnerschaft und Kollegialität. Man kann sie mit Fakten begründen, aber ebenso auch lösen, und zwar unter Umständen sehr schnell. Freundschaft, als Angelegenheit des Herzens, ist auf Haltbarkeit angelegt. Wenn man sich und dem anderen das nicht mehr zutraut, fehlt vielleicht eine tiefere Bindungsfähigkeit jenseits bloß sachlicher Nötigung, aber auch jenseits der Wallungen des Augenblicks, ein Urvertrauen, das die beängstigende Einsamkeit des modernen Menschen lösen könnte?

Zum einen wie zum anderen gibt es im Mönchtum Erfahrungen, die hilfreich sein könnten. Vorausgesetzt, daß der Mönch sich fragen läßt nach seinem Anteil an Christi Freundschaftsdienst. Wie trägt er das Seine dazu bei, daß die Möglichkeit der Freundschaft wieder in den Blick kommt und daß die Menschen wieder etwas ahnen von Gottes Freundschaft zu ihnen?

Die eigentliche Frage

Seit eh und je nannte man den Mönch »Bruder«, die Nonne »Schwester«, und zweifellos blieb es nicht bei der bloßen Benennung. Ein Blick in die Geschichte zeigt, wie selbstverständlich diese Abgeschiedenen – Zönobiten wie Eremiten – für die vielen da waren, die oft von weither kamen. Als Helfer für die Armen, für Sieche und Waisen, als Erzieher und Arbeitsgefährten, als Berater und Tröster in geistlichen und weltlichen Dingen übten sie in Klöstern und Klausen gastliche Menschlichkeit, lebten sie immer schon so etwas wie eine soziale Dimension ihres geistlichen Dienstes. Sie suchten in der Tiefe bei Gott die Einheit mit allen Menschen, trugen aber auch das Ihre dazu bei, sie konkret zu machen, wenn es sich ergab. Sie waren also, wenn man so will, immer schon brüderlich-schwesterliche Freunde.

Doch der heute gesetzte Akzent zielt genauer. Es geht um wirkliche Freundschaft von Mensch zu Mensch. Solche echte zwischenmenschliche Gemeinschaft ist noch nicht ohne weiteres gegeben, wo ein karitativer oder kulturell-sozialer Dienst getan wird um Christi willen. Eher wittert man dahinter die »rein übernatürliche« Liebe, von der man weiß, daß sie genauso in manipulierende Versachlichung ausarten kann wie das unmenschliche Kalkül des Funktionärs. Da muß einer schon sein persönliches Interesse am Geschick der ihm Anvertrauten unter Beweis gestellt haben, ehe man ihm so etwas wie Freundschaft zutraut. Das wiederum setzt voraus, daß er wirkliche Freunde hat oder haben kann, Menschen also, mit denen er nicht nur in einem theologischen »An sich« oder einem moralischen »Du sollst« zusammenlebt, sondern die ihm liegen wie er ihnen, spontan, frei und unbefohlen, mit denen ihn diese geheimnisvolle Strömung verbindet, in der einer zum anderen getragen wird, er weiß nicht wie, und immer tiefer seiner inne wird im Abenteuer und in der unergründlichen Notwendigkeit eines urmenschlichen Erwählungsgeschehens. Gerade das, so meint man, ist im klöster-

lichen Reglement, überhaupt im mönchischen Lebensentwurf, allenfalls geduldete Ausnahme, nicht das Normale, nicht das, was auf der Mittellinie liegt.
Und soll das nicht so sein? Mönch ist doch einer, der sich ein für allemal Gott übereignet hat und übereignet bleibt, nicht Menschen. »Freunde Gottes« nennt man wie in alter und ältester Zeit die Mönche im heutigen Schwarzafrika, mit Respekt und eben nicht in menschlicher Vertraulichkeit. Gerade so hat man Vertrauen: vielleicht doch, weil man die tiefere Treue spürt, die das Unaufgebbare nicht antastet – die Härte des Alleinseins, die »Wüste« der kontemplativen Gottsuche, die Unaufhaltsamkeit dieses schweigenden Exodus. Ist der Mönch nicht aufgebrochen, um wie Mose einzugehen in die Wolke Gottes auf dem Berg? Wer das zu leben hat, kann den Menschen wohl Bruder oder Schwester sein. Wollte er aber ihr Freund werden – mit der ganzen Wärme dieses Sich-Einlassens –, würde er dann nicht die Eigenart seiner Berufung antasten, seinen Anteil an der Sendung Christi, der doch seine Freundschaft am unverkennbarsten erwiesen hat in der Verlassenheit des Kreuzes?
Das ist die eigentliche Frage. Sie setzt nicht am Versagen einzelner an, nicht an Schiefheiten in der Spiritualität und auch nicht nur im gesteigerten Freundschaftsbedürfnis einer immer kälter werdenden, immer geängstigteren Zeit. Sie stellt sich vom Wesen her. Und so ist sie auch nicht erst von heute. Wo immer Mönchtum zu verwirklichen war: in der Menschenleere alter und neuer Einsiedeleien, in der Gemeinschaft von Brüdern oder Schwestern, unter dem Andrang der Kinder, Kranken, Fragenden und Verwirrten im modernen Entwicklungsland oder auch mitten in unseren Großstädten, nirgends darf der Mönch sich entbunden wissen von der Einsamkeit seines schon vergebenen Herzens. Und doch warten die Menschen auf mehr als nur auf eine Zuwendung um Christi willen. Sie suchen das, was irgendwie eintreten und zu Hause sein läßt. Sie wollen also Freundschaft. Und auch der Mönch will sie. Was hat er zu geben? Wie sieht seine Freundschaft aus?

Das Faktum

Eines steht von vornherein fest: Zu allen Zeiten hat es im Mönchtum Freundschaft gegeben. Angefangen vom grimmigen Hieronymus, der so behutsame und liebevolle Klänge anzuschlagen weiß, wenn er an Paula und Eustochium schreibt, geht ein Strom fruchtbarer, heiliger und frohmachender Kommunikation aus Klöstern und in Klöster durch die Zeiten. Mehr als ein Abt hat seinen Mönchen eine so persönliche Botschaft zukommen lassen wie Anselm von Canterbury, der, beladen mit schweren Sorgen seines eben erst übernommenen Bischofsamtes, 1093 an seine Abtei Bec schreibt: »Bewahrt mir auch weiterhin eure so warme Liebe... Dem Leibe nach kann ich zwar nicht bei euch sein, aber mein Herz bleibt immer bei euch. Und müht euch nach meiner Art, überall Freunde zu gewinnen... Denkt nicht, ihr hättet je genug. Ob reich oder arm: seid allen verbunden in brüderlicher Sympathie«[106]. Ein Dokument des Herzens. Es ließen sich, speziell in der Briefliteratur, viele ähnliche Texte finden. Unbefangene Zuneigung kommt da zum Ausdruck, Scherz und geistvoller Witz, aber auch gemeinsam durchgetragene Schwierigkeiten und Kämpfe. Man gibt einander Teil am alltäglichen Leben, läßt den anderen Einblick nehmen in das eigene Planen und Tun. Das kann durchaus als Äußerung von Brüderlichkeit verstanden werden, wie ja deren Grenzen zur Freundschaft immer dehnbar bleiben. Aber zuweilen – etwa in Briefen, wie Bonifatius sie der heiligen Lioba geschrieben hat – findet das Herz so zarte und so leidenschaftliche Töne, daß man fast betroffen weiß: das ist mehr. Das gibt es nur zwischen diesen beiden Menschen und nirgendwo sonst.

Nicht jede Zeit und nicht jedes Temperament neigt in gleicher Weise zu persönlicher Freundschaft. Anselm stand auf der Schwelle des 12. Jahrhunderts, am Beginn also der hochmittelalterlichen Renaissance. Hand in Hand mit dem geistigen Aufbruch der Frühscholastik ging damals die »Entdeckung der Natur«, der Phänomene, nicht zuletzt der anthropologischen Probleme (Chenu). Neue Sensibilität wurde wach und damit eine menschlichere Frömmigkeit, fröhlich, zart und affektiv. Auf solchem Boden gedeiht die Freundschaft, und vor allem bringt sie sich in aller Einfachheit zum Ausdruck, wie das zu anderen Zeiten nicht immer möglich ist[107].

Man kann auch sagen, daß es nicht immer gleich nötig ist. Freundschaft wird ja erst dort zum Bedürfnis, wo der einzelne zu seiner Individualität kommt. Erst dort braucht er personalen Spielraum, einen Intimbereich, wird Freundschaft auch für den Christen zum unverzichtbaren Element der Lebensgestaltung. Aber dergleichen beginnt nicht erst im Mittelalter oder gar im Reformationszeitalter. Es muß nicht einmal so sein wie heute, wo Freundschaft nur eine unter den personalen Bindungen ist, nach denen ein geängstigtes Lebensgefühl ruft, eine der Überlebenschancen im Überwuchern der entpersönlichenden Mächte und in der Not, für sich und für alle Sinn zu finden. Auch ohne repressiv empfundenes Über-Ich kann es zum unabweisbaren Bedürfnis werden, nicht nur Arbeit, Besitz und Geschick zu teilen, sondern die Seelen. »Jeder Mensch muß ein Herz haben, in das er unbesorgt jeden quälenden Gedanken niederlegen und dem er sagen darf, was sein Innerstes erhebt und bewegt in glücklichen Stunden« – wir würden es so wohl nicht sagen, aber die Erfahrung, die der Zisterzienserabt Aelred von Rival ins Wort bringt (12. Jahrhundert), ist auch uns nicht fremd[108]. Was mancher nie begreift, dieser Mönch im 12. Jahrhundert weiß es: Gutes Einvernehmen ist nicht schon alles. Echter, affektiver Kontakt, angstloses Vertrauendürfen von Mensch zu Mensch, Austausch mit diesem und keinem anderen, das, was wir heute vielleicht dialogische Existenz nennen, macht das Leben zwar nicht spannungsloser, aber schöner und reicher und eigentlich »erst lebenswert« (Aelred).

Daß solche Freundschaft, ohne allerdings so zu heißen, auch in der ägyptischen Wüste und schon in den frühen Zönobien zu finden ist, mag überraschen. Genannt sei nur die innige Beziehung, die Pachomius mit seinem Lieblingsjünger Theodor verband. Und ebenso ist in die Geschichte des Mönchtums eingegangen, wie Benedikt dem kleinen Placidus zugetan war, der die Zuneigung mit schöner Unbefangenheit erwiderte. Was man da und anderswo entdekken kann, wenn man nur wach genug hinhört, ist sogar eine der tiefsten Formen menschlicher Freundschaft, die es gibt. Nur unzureichend nennt man sie Meister-Jünger-Beziehung. In Wahrheit ist sie viel mehr. Der eine flüchtet – nach oft langem Suchen und auf weiten, ungewissen Wegen – vor der Sinnleere und tödlichen Erschlaffung zum anderen, der aufrichten kann, weil er sich einlassen kann. Was da geschieht im Tausch von Ich und Du, wenn der »Geist« aus dem Vertrauen des einen und dem Hinhören des anderen das rettende Wort erweckt und mitteilt, das ist dialogisch-personale Gemeinschaft, wie sie im Kern jeder Freundschaft gesucht und doch so selten verwirklicht wird.

Es gehört freilich nicht nur Ich und Du dazu. Der Funke, der beim Kontaktnehmen aufsprüht, ist Kommunikation im »Geist«. Das nur Horizontale wird aufgebrochen. Neues bricht ein, für das Erhellung und Wärme nur Bilder sind. Das verschmilzt Ich und Du in einem geheimnisvollen Tod, um so weiterzuzünden: Die Alten sprachen von der Gnade, vom Charisma eines solchen Austausches. Und Charisma ist Kraft Gottes, die einzelnen gegeben wird, aber für das Ganze.

Hier schon zeichnet sich ab, wie Freundschaft zum Dienst werden kann, gerade wenn sie »im Geist« besteht. Darüber wird noch zu reden sein.

Freundschaft innerhalb der Fraternität

Zuvor: Was geschieht, wenn die größere Gemeinschaft, die auch der Eremit nie verlassen kann (Gemeinschaft der Glaubenden, der Menschen, der Schöpfung und Geschichte) konkret wird und ihr Recht verlangt? Das ist die Situation zunächst im Monasterium. Da heißt die spezielle Frage: Was wird aus dem persönlichen Vertrauensverhältnis, das sich ja nicht institutionalisieren läßt? Wie wirkt es sich aus, wenn die Spontaneität, mit der im vor- oder außerzönobitischen Mönchtum Kontakt gesucht wird und zustande kommt, ins Spannungsfeld sachlicher Vorgegebenheiten, rechtlicher Verfügungsstrukturen gerät? Gibt es dann nur die Alternative: Aufgehen in der Brudergemeinde oder Absonderung in Unabhängigkeit? Oder aber gilt es die Spannung zwischen beiden Polen zu leben, wenn man auf Freundschaft nicht verzichten kann oder darf?

In dieser Schärfe stellt sich das Problem vielleicht erst später; da war es aber von Anfang an. Es sieht sich verschieden an, je nachdem, ob man es nur als Gesetzgeber angeht oder ob man die Spannungen selbst durchzutragen hat. Grundsätzlich gibt der Gehorsam die Norm an. Daß neben dem Abt auch andere aufgesucht werden dürfen als Freund-Meister, zu geistlichem Austausch, zu gegenseitiger Klärung, nicht zuletzt zu gemeinsamer Zurechtbringung unter Gottes Wort, das zeigt sozusagen eine charismatische Strömung an im festen Grund der Institution; aber auch das steht unter dem Gehorsam. Das gleiche gilt von den Freundschaften nach draußen. Verständlich, daß allzu leicht die Spannung sich nach dem einen oder dem anderen Pol hin verlagert. Es braucht ja hohe Qualitäten, menschliche wie geistliche, soll eine Freundschaft tatsächlich »im Gehorsam gegen den Geist« gelebt werden, wie Gregor von Nazianz es dem toten Freund Basilius nachrühmt. In seiner Gesetzgebung kennt der gleiche Basilius immerhin nur eine Art erlaubter Zuneigung: die Liebe aller zu allen. Das gerade macht nach ihm den Vorrang des Zönobiums aus, darin verwirklicht es gegenüber dem Einsiedlerleben die ausdrücklichere Nachfolge im Sinn des Evangeliums. Die Kommunität, das ist die Freundschaft des Zönobiten. Was von dieser Idealnorm abweicht, nennt bereits er »Partikularfreundschaft« (allem Anschein nach eine Prägung des Kappadoziers). Und energisch warnt er davor: »Daß er zur Vernunft gebracht wird, der den einen mehr liebt als den anderen; er tut Unrecht am Ganzen[109].«

So redet zweifellos einer, der schlechte Erfahrungen gemacht hat. Redet er aber nicht doch am Leben vorbei? Und übersieht ausgerechnet er, der so klassische Freundschaften mit Nichtmönchen hatte, wirklich, daß persönliche Verbundenheit von zweien oder dreien nicht ohne weiteres im Widerspruch stehen muß zum Alles-Verlassen der Nachfolge, ja daß sie das Ganze durch ihr Hinzutreten zu vollerer Entfaltung bringen kann, als Einübung der Liebe zu allen, als menschliche Erfahrung im Gewebe des geistlichen Miteinanders?
Man weiß, daß die Warnung des Basilius mit mehr oder weniger negativer Aufladung durch die Regeln geht, bis hinein in unsere jüngste Vergangenheit. Das zeigt auf der einen Seite gewiß eine Gefahr an, die vorhanden ist und gesehen werden muß; sie hat sich schon sehr bald im Mönchtum bemerkbar gemacht. Andererseits erweist die stets wiederholte Warnung aber doch auch, daß so nicht alles zu lösen ist. Weder mit moralisierendem Verdikt noch mit Idealisierung der Fraternität läßt sich ein Urbedürfnis tilgen. Freundschaft deckt sich nicht mit Brüderlichkeit und Liebe; sie kann nicht zum Anspruch gemacht werden oder zur Regel. Aber sie ist gut. Eines allerdings vorausgesetzt: daß sie nicht ausbricht aus dem, was größer ist als der einzelne, wozu er sich frei entschlossen hat, in das er eingebunden bleibt. Über dem Verlangen nach persönlicher Begegnung steht immer die Einheit der Kommunität und ihr Gemeinsambleiben unterwegs zum End-Gültigen hin im Dienst Jesu Christi. So sehr Freundschaft als Abenteuer der Freiheit widerfahren kann und gewagt wird, sie bleibt gebunden.

Der mönchische Beitrag

Erst hier und erst so läßt sich in etwa ausmachen, was Mönchtum einzubringen hat in die menschliche Freundschaft. Das ist nicht der aszetische Verzicht auf jede affektive Äußerung (diese Herzen waren nicht verdorrt!); auch nicht eine bloße »Tugend« der Freundschaft, geübt und zu erringen in der Einmütigkeit aller nach dem Jerusalemer Urmodell (Aeldred). Überzeugend zeichnet sich das Profil des mönchischen Freundes erst dort ab, wo die Spannung konkret und ehrlich ausgetragen wird zwischen dem unverdrängten Bedürfnis zu lieben und dem »Gehorsam gegen den Geist«. Das bedeutet mehr als den Kampf des Redlichen gegen den Egoismus, der sich ja ebenso einnisten kann in die Neigung zur Geselligkeit wie in die Abneigung gegen das Beanspruchtwerden durch die anderen. Im Fall des Mönches bedeutet es das beständige Ausbalancieren zwischen dem, was rechtens hinzieht zu einigen, und dem, was allen geschuldet wird. Anders gesagt: Zwischen dem Sich-Verschenken in der Verpflichtung auf die Bruderschaft und dem uneigennützigen Zueigen-haben-Wollen, das zur Freundschaft gehört, auch noch zur heiligen.

Wie hart die Impulse dabei aneinanderstoßen können, zeige ein Beispiel aus frischem Erleben: Notker des Stammlers Brief an Waldo und Salomo[110].

Die beiden Brüder, junge Fürsten, waren in der St. Gallener Klosterschule unter der Obhut des Dichters herangewachsen. Eitel, verwöhnt, schwierig – gerade so mögen sie ihm ans Herz gewachsen sein. Und nun hatten sie ihn wieder einmal besucht. Notker scheint das sehr genossen zu haben. Um so härter fällt nun wieder das Alleinsein. Er muß es den Freunden sagen:

»Als ich nach eurer Abreise in meinen Kerker zurückgekehrt war«, heißt es in dem Brief, »schlug mich ein solcher Kummer nieder, daß ich trotz scharfer Anstrengung den Schmerz einfach nicht zurückhalten konnte. Und ich ging weg, bitter in meiner Empörung, und zürnte hart mit mir, daß ich nach der Liebe zu den Aposteln und Martyrern, nach der Freundschaft mit Bekennern und Jungfrauen, ja nach meinem einst unablässigen Sinnen über den Herrn ... nun in Zeit und Raum Freunde zu haben lernte. Und dabei, Christus weiß das, liebe ich euch doch in ihm.«

Das klingt mittelalterlich, aber echt. Man spürt über die Jahrhunderte hinweg den Menschen, der wir alle sind. Reglement, Kutte, »Kerker« des Klosters hindern nicht, daß

da einer liebt mit großer, reiner Leidenschaft. Erschrocken über sich selbst bekommt dieser Mönch zu spüren, wie ihm das Herz durchgeht. Er findet kein Genügen mehr an den geistlichen Realitäten: Gebet und Meditation, Umgang mit den Himmlischen, Verweilen beim Herrn. Er braucht Menschen, er braucht die Freunde. Wie sehr, erfährt er beim Fortlassenmüssen. Die Reaktion: »Ich ging weg.« Wohin, wird nicht gesagt. Sicher nicht fort vom Kloster. Vielleicht in irgendeinen Winkel des Gartens, des weitläufigen Hauses, irgendwohin, wo ihn keiner finden konnte. Dort »zürnte ich hart mit mir«. Wir kennen das. Aber ist uns auch verständlich, woher dieser Zorn kommt? Daß Freundschaft wie Verrat schmecken kann, weil es eine tiefere Bindung und Treue gibt – und man doch nicht lassen kann? Und wie löst sich dann der Konflikt? Nicht im Bruch, nicht in der Verdrängung. Nur in einem tieferen Sich-Einlassen. »Ich wandte mein ganzes Herz zum Herrn.« Das ist es. Der Bogen des Selbstüberstiegs wird völlig hinübergeworfen, bis das Herz zur Ruhe kommt im einzigen Du. Aber: nicht ohne die Freunde! Es nimmt sie mit. Es überläßt sie dem, der sie schenkte. Und da erfährt der »Tag und Nacht« Betende das ganz Neue wie durch den Tod hindurch: Freundschaft ist Gnade, die Gott gibt, um sie selbst zu vollenden. »Gott selber wollte den Samen in euch senken: er möge ihn zur rechten Reife führen.«
Charakteristisch, daß die Bindung an die Brüder hier nicht ins Gewicht fällt. Das Gottesverhältnis ist noch kaum gemeinschaftsbezogen. Aber für das, was uns heute so beschäftigt, bietet sich doch schon ein Ansatz. Diese Freundschaft wird nicht erdrückt von der »Kontemplation« im Sinn ungeteilter Bindung an den Herrn: sie wird in sie eingeholt. Das Gebet bekommt Realitätsbezug durch den mitmenschlichen Bezug; ungesucht wird es zur Haltung, die den anderen umfängt. Aber – das bricht von vornherein allen innerweltlichen Humanismus auf: – es ist ein hergebendes Umfangen. So sehr der Freund den Freund zu eigen haben will: im Gebet öffnet sich auch dieser Horizont. Weil nichts vor Gott unter Verschluß bleiben kann. Weil

insbesondere verstanden wird, daß über Gottgeschenktes nicht zu verfügen ist. Und Freundschaft stammt von Gott. Sie ist also gut: das ist das zweite. Sie gilt sogar als geistgewirkt. Aber wie alle Gabe des »Geistes« bringt sie in die Krise. Sie muß wachsen und sich bewähren, in Verantwortung, unter Schmerzen, in einem Sterben. Der Mensch hat dem Rechnung zu tragen. Zutiefst kann er es nur geschehen lassen, bei sich wie bei den Freunden. Darin – so wenigstens weiß Notker – wird der wesentlichste Freundesdienst getan. Man gibt sein Leben hin, indem man den Freund hergibt; das ist tiefste Treue – so ist man dem »Geist« Jesu Christi gehorsam.

»Es gibt keine Freundschaft ohne reinigendes Leiden«, sagt aus ihrer Erfahrung die Regel der Mönche von Taizé. Für den, der seine Taufe intensiv zu leben hat, heißt das präzise: Einbeziehung in die »Tötung« des Kreuzes. Aber das ist gerade nicht Abtötung, das ist Wandlung. Nichts Gutes wird abgewürgt. Man wagt und darf es wagen, wirklich und leibhaftig Freund zu sein. Je menschlicher man das riskiert, desto göttlicher trifft das Kreuz den Kern der ausgesetzten Existenz. So wird das nur-menschliche Zueinander aufgebrochen zur Fruchtbarkeit des »Geistes«. Das Zueigen-Habenwollen wird zum Miteinander auf Gott hin. Dem einzigen Du übereignet, bekommt Freundschaft etwas End-Gültiges. Das strahlt weiter. Das gibt etwas zu ahnen von dem, der sich österlich verschenkt an alle, und der doch jedem zugeneigt ist wie keinem sonst.

»Die geistlichste aller Erfahrungen«

Der Reflexion der Mönche war dieser theologische Charakter der Freundschaft lange vertraut. »Gott ist Freundschaft«, eine so kühne Variante des Johanneswortes wagt erst das Mittelalter (Aelred). Doch auf die »höhere« Liebe der Johannesfreundschaft wird schon viel früher hingewiesen. Ihr Mehrwert liegt nicht in einem Vergleichsquantum, wie Haß und Eifersucht das auszumachen suchen, sondern »im reicheren Zustrom der Gnade«[111]. Überströmende Liebe schließt die übrigen nicht aus; sie erschließt ihnen erst, was es bedeutet, daß der Herr auch sie »meine Freunde« nennt.

Das ist die Mitte von allem. Als Teilhabe an Gottes Freundschaft in Christus gibt es für den Mönch Freundschaft mit Menschen, so erst und so schon: erst in der Wandlung des Sterbens, schon in der Vorwegnahme der endzeitlichen Liebe, in der Gott alles in allem ist und jeder jedem Freund sein kann. Wem die Gnade dieser Vorwegnahme gegeben ist, für den ist Freundschaft nicht bloß erlaubt, sondern Auftrag des Geistes, Charisma. Im Freundsein, wenn sich wirklich »Geistliche« (im Sinn des heiligen Paulus) einander zuneigen, wird Gott erfahren, gibt einer dem anderen Gott zu kosten. Das ist sogar »die köstlichste und geistlichste aller Erfahrungen« (Aelred); kaum etwas kommt ihr an Unmittelbarkeit gleich. Und wie sehr der Akzent auf dem Geistlichen liegt: das Medium dieser Erfahrung bleibt der Mensch.

Man sieht, nicht erst heute gibt es eine anthropologische Wende. Sie schließt Theozentrik nicht aus, sondern ein: es geht um den Menschen in Gott. Weil Zugeneigtsein in Christus und seinem österlichen Geist eine Nähe gibt, die dichter ist als jede face-to-face-Beziehung, kann Freundschaft als unverzichtbar gelten, auch und gerade im Leben der thematischen Gottsuche. Einer hilft dem anderen zu Gott. Mehr noch: Er wird ihm in der Hand Christi zum Werkzeug, die endzeitliche Liebe, das Reich zu bereiten. Das Risiko bleibt: man kann im Menschlich-Mitmenschlichen stecken bleiben. Daß andererseits die Bruderschaft entscheidende Impulse empfängt von dieser Intensivgemeinschaft, wenn nur Ausschließlichkeit und Aufgeschlossensein zu allen hin gleicherweise dem »Geist« gehorsam sind, empfiehlt das Risiko.

Wenn es einen spezifisch mönchischen Beitrag zur menschlichen Freundschaft gibt, müßte er in dieser Richtung gesucht und eingebracht werden. Nicht Allerweltsfreundschaft ist Sache des Mönches, auch nicht fromm verbrämte Menschenfeindlichkeit, sondern die reife Weitherzigkeit, jedem Freund sein zu können, spontan, affektiv, warm, weil ein für allemal der Horizont des Privaten gesprengt, weil Raum für Christus ist. Das lernt sich nur im Hineinopfern konkreter Ausschließlichkeit in Gottes universale Freundschaft. Man muß also wirklich lieben, um wirklich hergeben zu können, um dem Feuer Gottes Stoff zu geben. Wo das zustande kommt, wirkt es sich aus als Entgrenzung nach innen wie nach außen. Freundschaft ist dann wie der innere Ring im Ethos der Brüderlichkeit: sie macht diese zur Realität und sprengt zugleich ihre Abgeschlossenheit. Offene Mitmenschlichkeit gegen geschlossene Gruppenmentalität im einen wie im anderen. Das (auch gruppenmäßig) Introvertierte wird aufgebrochen, die klare Begrenzung aber bleibt unverwischt. Das Gegengewicht der Brudergemeinde verhindert das Ausufern. Umgekehrt kann Freundschaft die Grenzen selbst des Kirchlich-Christlichen überschreiten, was Brüderlichkeit, streng genommen, nicht kann. Im Zeitalter des Anti-Establishment und des Dialogs wäre diese gebundene Dynamik von großer Aktualität.

Freundschaft als mönchischer Dienst

Diese Überlegungen spannen unmittelbar den Brückenbogen ins Heute. Für uns stellt sich ja Freundschaft kaum als theologisch-spirituelles, viel mehr als soziales Problem. Das bedeutet: Wie läßt sich auch hier die geistliche Tradition einbringen ins Menschlich-Gesellschaftliche? Wie hilft die Nuance mönchischer Freundschaft, heute Mensch zu sein, zu bleiben? Oder noch einfacher gefragt: Wie kann das bisher Aufgezeigte den Weltdienst auch des heutigen Mönchtums mitbestimmen?

Denn es geht nicht um bloß gedankliche Impulse. Selbst das Modell der Bruderschaft, die, von innen her durch Freundschaften erwärmt, menschlich glaubhaft wird – partnerschaftlich vielleicht oder auch im Spiel freier Gruppen zum Zug kommend –, selbst ein solches Modell, falls es tatsächlich existiert, wirkt nicht magisch. Es braucht den Dienst, den die Menschen sehen und verstehen können. Auch für Mönche und Nonnen gilt, was in dem Bericht der »Konferenz für weltweite Zusammenarbeit in Entwicklungsfragen« 1968 programmatisch formuliert wurde, daß nämlich »ein Glaube, der sich nicht mit dem Aufbau einer gerechten und nachbarlichen Welt befaßt, nicht wahrhaft christlich genannt werden kann«. Und mönchische Freundschaft ist Glaubensäußerung!

Der unaufgebbare Eigenwert dieser Freundschaftserfahrung muß somit, konkreter als früher, seine Rolle finden im weltweiten Ganzen, in einer universalen Solidarität. Das ist um so dringlicher, als die Universalität nicht minder bedroht ist als die Intimität: erstere von Anonymität, letztere von Realitätsschwund und verschwommenen Affekten. Mönchische Freundschaft könnte einen Mittelweg zeigen aufgrund ihrer doppelten Spannung, die wir aufzuzeigen suchten: daß persönliche Intimität dem Überpersönlichen eingebunden bleibt und daß der Dialog der Freunde den göttlichen Dritten braucht, um real zu sein. Wo diese zweifache Spannung ausgetragen wird, wandelt sich Freundschaft nicht nur zur geordneten Liebe; da hilft sie – und das wäre der heute erforderliche Schritt –, die Werte des Herzens verfügbar zu machen für den Dienst, der allen geschuldet ist, diesseits wie jenseits der institutionellen Grenzen.

Konkret: Dann wird nicht bloß innerhalb der Mauern die Beziehung von zweien oder dreien zum gemeinschaftsfördernden Faktor, dann trägt auch die Art und Weise, wie den Bedürfnissen der Umgebung, der Pilger und Gäste, der zeitgenössischen Gesellschaft, der Menschheit begegnet wird, den Akzent der Freundschaft. Das ist niemals in der Geschichte des Mönchtums bloßes Ideal geblieben: die eigentümliche Strahlkraft vieler Klöster einst und noch heute beweist es. Aber man muß nach neuen Wegen suchen und darf nicht im Bewahren Genüge finden.

Wenn mönchischer Dienst an den Menschen von Freundschaft geprägt ist, wie sieht das aus?

»Ich werde nie dulden können, daß die Menschen um uns,

die Gott uns anvertraut hat, Hunger leiden, ohne daß wir alles tun, um ihnen zu helfen.« So schreibt der Benediktinerprior Denis Martin[112]. Im Marokko der Frankreichkrise vor 20 Jahren sollte er mit seiner Gründung ein Zeichen der Freundschaft setzen. (Daß das Projekt inzwischen ein Opfer der politischen Verhältnisse geworden ist, sagt nichts gegen seine Bedeutung.)

Was macht den Dienst der Mönche von Toumliline zur Freundschaft? Zunächst, daß sie da sind, weil sie lieben. Aus keinem anderen Grund. Es geht nicht um ein soziales Hilfswerk, auch nicht um politische Einflußnahme. Sie versuchen nicht, zu bekehren. Sie gehen das Abenteuer der Uneigennützigkeit ein, absichtslos, aber brennend vor Interesse für die Menschen, die Gott ihnen anvertraut. Sie wollen nichts manipulieren, nur gut sein.

Das heißt nicht, daß sie die Hände in den Schoß legen. Jeder, der zu ihnen kommt: das verwaiste Kind, der Kranke, der Asoziale, der geistig Suchende, jeder wird aufgenommen. Eine Krankenstation entsteht. Heimatlose Kinder werden nicht fortgeschickt. Internationale Sommerkurse werden organisiert für Gäste aus allen Geistesrichtungen und Religionen; das Programm ist reich, das Angebot beachtlich, die Teilnehmerzahl wächst von Mal zu Mal.

Aber die Mönche tun das und anderes, wie Freunde tun: so, daß jeder sich persönlich gemeint weiß. Den Kindern ist Toumliline ein Vaterhaus. Es zieht sie an, ohne daß die Mönche das beabsichtigen. Eine Atmosphäre des Vertrauens, der Sympathie, der zwanglosen Güte, des Humors läßt jeden, der kommt, glauben, daß er erwartet wurde, daß er da sein darf und zwar als der, der er ist. Niemand braucht zu fürchten, wegen seiner politischen oder religiösen Einstellung abgestempelt zu werden. Jeder spürt: hier sind Menschen, die einfach nur begleiten wollen: den Schmerz, die Freude, das Leben und den Tod. Und die bereit sind, ihr Leben einzusetzen für die ihnen Anvertrauten und das mehr als einmal unter Beweis gestellt haben.

So entsteht ein Klima, das Kontakte ermöglicht und fördert: Kontakte zwischen Christen und Mohammedanern, zwischen Verfemten wie gesellschaftlich Integrierten. Daß der Prior politischen Häftlingen, die in der Nähe des Klosters arbeiten und, von der afrikanischen Hitze ausgedörrt, um Wasser bitten, Tee reichen läßt wie allen anderen Gästen, macht die Runde im ganzen Land.

Wesentlich bei dem allen ist den Mönchen, daß sie sich treu bleiben. Daß also die für sie charakteristische Spannung zwischen Eingebundensein und Aufgeschlossenheit, zwischen Intimität und Universalität nicht aufgelöst wird. Das monastische Leben darf nicht sterben an seiner Öffnung. Das Tun darf nicht solche Ausmaße annehmen, daß Stille, Versenkung, gemeinsames Gebet und Leben daran zugrunde gehen. Aber nicht aus Egoismus, sondern aus Freundschaft. Sie ist es, die der tieferen Bindung treu bleiben läßt, weil es sonst gar keine Bindung gibt. Freundschaft äußert sich auch darin, daß der Vorrang des Seins gewahrt bleibt: Weil man daran glaubt, daß das Anwesendsein in der Liebe die größere Macht ist, braucht man das Tun nicht ins Hektische zu übertreiben. Was andererseits die Planung keineswegs erspart. »Alles muß so eingerichtet werden, daß die Beobachtung der Regel, die Klausur, das Stillschweigen noch strenger, das Streben nach dem Gottgehören noch großherziger wird; gleichzeitig müssen wir uns noch mehr um die Armen kümmern, ihnen unsere Kräfte, unsere Erfahrung, unsere Freundschaft widmen, ihnen Christus bringen«[113].

Das ganze Leben, das ganze Mönchsein muß also dem Dienst gehören, der Gottes Freundschaft anbietet. Dabei muß man sich schenken, ohne zu verschenken, was nicht einem selbst gehört, sondern allein Gott. Die Balance zu finden ist Aufgabe dieses Charismas.

Denn solche Freundschaft ist Charisma. Nur aus Christus kann sie sein. Aus ihm aber muß sie dann auch sein: »Wir wären keine Glieder Christi«, schreibt der Prior im gleichen Brief, »wollten wir ihn selbstsüchtig für uns behalten, uns des Reichtums unserer Seele erfreuen, ohne das Verlangen zu spüren, ihn den Menschen mitzuteilen, uns von ihm nähren, ohne danach zu brennen, ihn den Hun-

gernden zu bringen. Wir müssen seine Wünsche und seine Taten weitertun, sonst geben wir ihn nicht der Welt.«
Das ist Wende zur universalen Solidarität aus tiefster Verankerung, die Freundschaft haben kann: »Ihr seid meine Freunde, wenn ihr tut, was ich euch auftrage« (Joh 15, 14). Da ist kein Platz für falschen Mystizismus (»wir dürfen uns nicht einbilden, daß Wunder geschehen, wenn wir Dummheiten machen!«); sehr sachliches Vorgehen und Planen ist gefordert. Und gerade so kommt alles aus dem, was nicht der Knecht, nur der Freund weiß, den der Herr es wissen läßt. Das Herz kann dabei zerreißen, nur verzweifelt nichts tun, das »kann« es nicht. Die Aufgabe ist ganz einfach: helfen, daß die Menschen einander verstehen, auf dem Weg der Freundschaft. Ob das Ziel erreicht wird, ist Gottes Sache. Eines nur ist sicher: von einer Quasi-Freundschaft kann es nicht erreicht werden. Die Freunde aller müssen wirklich Freund sein: in einem völlig verschenkten Herzen, das aber die Beraubung als menschlichen Schmerz erfahren kann, das Raum hat, auch noch für die Zuneigung zwischen zweien oder dreien; das glücklich sein kann mit den Glücklichen und traurig mit den Trauernden und gerade so beim Herrn bleibt. Denis Martin weiß, was dem zugrunde liegt: »Wie sehr muß man über sich hinausgehen, sonst kann man nichts verstehen – und niemanden lieben.« Auch nicht Gott.
Modelle wie Toumliline tun heute not. Wo sie glaubhaft werden, erlebt man unaufdringlich etwas von Möglichkeit und Chance menschlicher Freundschaft in Gott. Absolut gesetzt verfehlt sich Freundschaft. Eingeholt in ihren Ursprung – im Glauben, im hergegebenen Leben – entfaltet sie sich, ohne an Nähe zu verlieren, zu universaler Weite. Wer Solidarität als vielleicht einzige Überlebenschance heute erkennt, braucht den Verweis auf diese tiefste Verankerung des Sozialen. Alles andere läuft sich bald heiß und tot. Mönche wie die von Toumliline könnten davon überzeugen, daß das Humane Christus braucht; daß wir geistlich werden müssen, wollen wir menschlich miteinander bleiben. Das wäre ein dritter Weg für eine Welt, der

kaum eine andere Alternative bleibt als marxistisches Kollektiv oder seelenlose Superorganisation der sogenannten »freien« Gesellschaft. Wir brauchen das Unverfügbare, aber von Gott Verfügte in einer mehr und mehr manipulierten Menschheit.

7. Kapitel:

Der einfältige Mensch

Einfältig sein gilt heute nicht als Lob. Man will für voll genommen werden. Den Einfältigen verkauft man aber für naiv. Wenigstens so lange, als man der Überzeugung ist, daß mit Vernunft alles zu schaffen sei. Sehr vernünftig ist der Einfältige allerdings nicht. Das heißt nicht, daß er dumm zu sein braucht; aber er hat es an sich, den Dummen zu machen. Das kommt nicht einfach aus Unerfahrenheit, er läßt sich nicht bloß übertölpeln, weil er es nicht besser kann; es liegt in seiner Art. In Stefan Andres' Roman »Die Dumme« wird das verdeutlicht mit dem Faden, der unten an der Nähmaschine läuft. Kaum einer beachtet ihn. Wie man es eben macht mit solchen, die sich ausnützen lassen, nicht angeben, zu arglos dazu sind. Aber ohne diesen unteren Faden näht die Maschine und keine Naht entsteht. Es gibt Augenblicke, da entdecken das die Leute. Und es könnte sein, daß sich dann ein Spalt auftut zum Geheimnis des einfältigen Menschen.

Es wäre auch ein Spalt zum Geheimnis des Mönches. Denn Mönchsein, das ist in einem unverzichtbaren Sinn: einfältig sein. Nicht bloß einfach, sondern einfältig. Wie der Fromme in der Bibel. Wie der Arme in der Bergpredigt. Wie das Kind, dem das Reich zugehört. Wie Gott.

Einfalt – negativ und positiv

Einfalt hat zwei Gesichter, je nachdem. Einfalt des Geistes ist nicht dasselbe wie Einfalt des Herzens. Auch gibt es das einfältige Verhalten der Welt und sich selbst gegenüber, das wiederum nicht ganz so unproblematisch ist wie die Einfalt Gott gegenüber.

Gegen Unwissenheit, also geistige Primitivität spricht bereits Hieronymus einen klaren Vorbehalt aus: »Frommes Analphabetentum (sancta rusticitas) nützt nur sich«[114]. Das behält Gültigkeit in der Tradition der Mönche. So sehr die Aufgeblasenheit einer gewissen Bildung abgelehnt wird, so hohen Rang hat das »heilige Wissen«, das mit Einfalt zusammengeht. »Gut ist die heilige Ungebildetheit, besser das heilige Wissen«, auf diese Formel einigen sich schließlich alle[115].

Auch kann keine Rede davon sein, daß verzichtet würde auf Unterscheidungsfähigkeit im Hin und Her des eigenen Herzens und des menschlichen Miteinanders. Das Leben ist so komplex, daß für alle Zeiten gelten muß, was Paulus seinen Christen abfordert: »Ihr sollt wahrhaftig keine Kinder sein, wenn es um eure Einsicht und euer nüchternes Urteil geht« (1 Kor 14, 20). – Gott gegenüber ist es freilich anders. Wo der Mensch seine herandrängende Nähe erfährt, hört das Abwägen auf. Da gibt es nur eines: sich dem Totalanspruch stellen oder versagen. So fordert es ja das Urgebot (vgl. Mk 12, 28): »Höre Israel, es gibt nur den einen Gott, deinen Herrn und Gott. Du sollst ihn lieben mit deinem ganzen Herzen, mit deiner ganzen Seele, mit allen deinen Gedanken und mit deiner ganzen Kraft.« Wer das tut, der ist ein-fältig.

Und was heißt das? Einfalt ist, so verstanden, eine alles zusammennehmende Antwort des Menschen auf Gott, den Ureinen und für ihn Einzigen. Zugleich ist sie gelöst und offen wie die Hand eines Kindes, das vertraut und darin um das Wichtige, das Entscheidende weiß. Wie M. Dibelius sagt: Einfalt ist die Haltung totaler Hingabe an Gott, »die sich ungeteilt hingibt und fraglos beschenken läßt«[116].

Das bringt noch einmal eine unaufhebbare Ambivalenz mit sich, diesmal die von Schwäche und Kraft. Vom Einfältigen gilt, was C. G. Jung über das ewige Kind im Menschen schreibt. Auch er ist »das Verlassene und Ausgelieferte und zugleich das Göttlich-Mächtige, der unansehnliche, zweifelhafte Anfang und das triumphierende Ende, eine unbeschreibliche Erfahrung, eine Unangepaßtheit, ein Nachteil und ein göttlicher Vorzug, ein Unwägbares, das den letzten Wert und Unwert einer Persönlichkeit ausmacht«[117].

Einfalt ist somit ein vertrauendes Sich-Wagen, das nicht um sich weiß und gerade so nichts zu fürchten braucht. Sie ist jener Absprung von sich selbst, ohne den keiner sich voll entfaltet, keiner reif werden kann. Aber im Absprung – auch ins Sterben und in die Aussichtslosigkeit hinein – wissen, daß man ankommt, weil alles von einem kommt und von einem gehalten wird, das ist Weisheit, und sie lebt im Kern der Einfalt und macht den Einfältigen so unbegreiflich hell.

Einfältige Gott-Suche

Wenn die Mönche von Einfalt reden, merkt man ihnen vor allem an, daß sie darüber glücklich sind. Sie haben es offenbar erfahren, daß der Einfältige »in Zuversicht seinen Weg geht«, wie es im Buch der Sprüche (10, 9) heißt. »Wie eine starke Burg ist ihm seine Einfalt«, sagt Gregor der Große im Hiob-Kommentar[118]. Woher diese Zuversicht und Sicherheit? Gewiß nicht daher, daß der Einfältige unangefochten bleibt. Dagegen spricht schon das Burg-Bild, das dem Bischof und Seelsorger Gregor nicht von ungefähr gekommen sein wird. Er wußte, was es um Welt und Menschen ist, und er war zugleich einer, der sich nicht abschirmen konnte gegen ihre hin- und herzerrenden Ansprüche, Einflüsse, Intrigen und Nöte. Aber er sagt nicht: Klugheit hilft oder Sich-Aussparen; er sagt: Einfalt. Sie gerade, die sich ganz und sozusagen wehrlos hergibt, ist wie eine starke Burg, macht angstlos und unangreifbar.
Die Mönche konnten das sagen, und auch der Mönch Gregor auf dem päpstlichen Stuhl wußte von dieser innersten Kraft der Einfalt nur, weil es einem so geht, wenn man sich *Gott* übereignet. Was Einfalt ist, erfährt und realisiert man nicht zuerst im Verhalten zu Welt, Mensch oder sich selbst, sondern in der Verankerung in dem ureinen Grund und Ziel von allem. Daß und wie sich einer Gott übereignet, läßt seine Geteiltheit genesen, aus der die Verunsicherung stammt.
So sagt es der Zisterzienser Wilhelm von St. Thierry in

seinem vielgelesenen »Goldenen Brief«: »Die Einfalt ist recht eigentlich der Wille, der sich zuinnerst Gott zugekehrt hat, vom Herrn nur eines erwartet und nur dies eine mit glühendem Eifer sucht«[119]. Das klingt fast wie eine Definition. Tatsächlich gab es im mittelalterlichen Mönchtum, zumal bei den Zisterziensern, die heilige Simplizitas als einen jedem bekannten Terminus. Sie war aber alles andere als eine Abstraktion. Eher kann man sagen: sie war ein Inbegriff. Fast der Inbegriff dessen, was den Mönch ausmacht. Ob man das nun Einfalt nennt oder anders – Demut, Kontemplation, Wandel in der Umkehr, Gehorsam –, die Namen sind zweitrangig. Worum es geht, das ist die Ganzentscheidung, die jedem Menschen grundsätzlich abgefordert wird, die sich aber im mönchischen Leben so auswirkt, daß alles, was sonst interessiert, zweitrangig wird oder sogar uninteressant gegenüber dem einen Thema Gott. Und weil das so ist, kennt das Herz kein größeres Verlangen, als unzersplittert Gott zugewandt zu sein.

Heute nennt man eine solche Ganzheit Integrität. Man sucht sie als etwas, ohne das keiner er selber werden kann. Wer in diesem Sinn seine Zwiespältigkeit überwunden hat, nur der kann unbeirrbar bleiben in aller Verwundung und bei aller Verwundbarkeit. Er ist bei sich und von daher ein unbekümmert Zugewandter, zuinnerst frei. Das ist der Grund der Sicherheit, der Zuversicht des Einfältigen. Die Mönche wußten es aus Erfahrung, und das um so mehr, je stärker sie von Gott fasziniert waren. Da hört man dann von »amerimnia«, dieser gelösten Sorglosigkeit, die sich wie von selbst ergibt, wo das Menschenwesen in seine richtige Lage kommt. Eben das geschieht dem, der sich einfältig auf Gott ausrichtet; er erlebt das als seine innerste Richtigkeit. Das macht ihn glücklich. Das löst ihn von den vielen überflüssigen Problemen, von denen der Nicht-Glaubende verzehrt wird. Er hat keine Angst mehr um tausend Dinge, die dem Komplizierten, in sich Verfangenen wichtig scheinen. Vor allem fällt die quälendste Sorge von ihm ab: daß das Leben keinen Sinn haben könnte. Im Gott-

Zugewandt-Bleiben wird Sinn erfahren. Auf der »Spur des stets gleichen Gutes« findet der Einfältige seine Lebenslinie und wird still. Da mag es vieles geben, was ihm weiter zusetzt, Ablenkendes, Beanspruchendes, Bedrohliches. Auch ist noch nichts ausgemacht darüber, wie der Dienst konkret aussieht, den ein solcher Mensch tun kann oder lassen muß. Nur dies eine steht fest, daß er dem allen nicht verfällt, solange er bei der Entscheidung seines Herzens bleibt. Solange bleibt er Person: einer, der in sich stehen kann. Man kann es aber auch anders ausdrücken – Petrus Damianus sagt es so: treu bleibt sich, wer wie der Evangelist Johannes sich »kindlich zur einfältigen Torheit Jesu hinkehrt«[120].

Das zweite, spezifisch neutestamentliche Moment der Einfalt ist damit angesprochen: der geistliche Kindessinn[121]. Er hat einen tiefen theologischen Grund: die Teilhabe des getauften Menschen an Christus, dem »vollkommenen Kind« des ewigen Vaters (Klemens von Alexandrien). Anders gesagt: der Mensch ist in Christus neu und für immer jung geworden; womit er reif ist für die Einsicht, die von oben kommt. Wiederum die Verbindung von Einfalt und Weisheit. Der Hinweis darauf soll gerade in der Situation trösten, in die hinein Petrus Damianus spricht. Er gibt einem Bruder, der darüber bekümmert ist, daß er nicht genug studieren kann, diesen Rat. Er solle doch nicht traurig sein: nichts Wesentliches gehe ihm verloren. Auch das, was er im Studium suche, sei doch beschlossen in der weisen Einfalt Jesu. Um das zu begreifen, müsse man nur den Johannesprolog lesen. Was denn, wenn nicht diese Einfalt befähige den Apostel, »das Mysterium des erhabenen Lichtes bestürzend wie ein machtvolles Gewitter« ins Wort zu bringen! Demgegenüber wirke das versiert-subtile Getue der Hochgelehrten wie blindes Herumtappen im Düsteren. Es sei schon so: in der Einfalt Jesu werde der gefunden, der mehr ist als alles Wissen – Gott, die Weisheit. Von ihm müsse man sich einfach beschenken lassen. »Diese Weisheit suche, umfange sie mit heißem Herzen. Du kannst sie nicht bloß schmecken (sapere), du kannst von ihr leben, ja durch sie unendliche Freude empfangen und zur Ruhe kommen.«

Das klingt unüberhörbar echt. So versteht sich einer, der Mönch ist: als der Einfältige, der Sinn erfährt, weil er sich ihn schenken läßt. Das läßt in Zuversicht sein. Man muß die Gnade lieben, heißt das. Man muß wie ein Kind umgehen mit dem Sinngeheimnis des Lebens, das so viele Neunmalkluge vergeblich suchen. Dem Einfältigen fällt es in den Schoß. Und er erfährt es, wenn er wie der Mönch ohne Ehrgeiz, ohne Eile oder Sorge für morgen einfach da ist für den, der ihn anruft, ihn will. Je offener das Herz zu ihm hin ist, je unzersplitterter und sorgloser, je kindlicher im Angewiesenseinwollen, im Vertrauen, desto sicherer widerfährt ihm, was es sucht, worauf es angelegt ist, was es erst voll leben läßt. So jedenfalls wünscht es Petrus seinem bekümmerten Adressaten: »Der Allmächtige schenke dir, immer in ihm zu bleiben, und er wiederum möge zu deiner tiefen Freude in deinem Herzen ruhen, damit du, seiner Verheißung gemäß, wie der Zweig am Weinstock unablässig das Gute hervorsprießen lassen kannst in frischen Trieben.«

Eindeutige Existenz – Kern der Einfalt

Wie sieht nun aber ein Leben aus, das sich dieser – in Gott verankerten – Einfalt verschrieben hat?

Johannes Kassian erzählt einmal, die ägyptischen Mönche hätten eine Art Kapuze getragen, »cucullа« genannt. Dieses Kleidungsstück – es hat nur den Namen gemein mit dem bekannten monastischen Chorgewand – war für sie eine Art Statussymbol. Damals trugen es sonst nur die Kinder. Wenn die Mönche es anzogen, wollten sie damit sagen, daß es ihnen um Rückkehr, besser: Umkehr zu einem Kindsein ging, das freilich nichts mit Infantilität zu tun hat, wohl aber mit der Ursprünglichkeit des Einfältigen im Sinn des Evangeliums[122].

Es kommt nicht auf solche Symbole an, wenn auch der Ausdruck von Haltungen in Zeichen oder Gesten nie belanglos ist. Worauf es ankommt, ist die Erkenntnis, daß es bei dieser Hinwendung zum evangelischen Kindsein um eine Wesenswende geht. Sie setzt nicht bloß einzelne Gesten, sie greift so radikal und tief, daß das Leben als ganzes sich ändert, als ganzes nach seiner Eindeutigkeit sucht, und das in dem Maße, als es seine Einfalt ahnt und auch schon gefunden hat.

Was gemeint ist, zeigt die Berufungsgeschichte des Antonius besonders klar. Bekanntlich hört der Neunzehnjährige in der sonntäglichen Dorfkirche das Wort vom Reichen Jüngling. Seine Reaktion ist einfältig: er geht und tut, was er gehört hat. »Als ob um seinetwillen die Lesung der Schriftstelle geschehen sei«, heißt es in der Vita[123]. Wort ist hier immer »Wort für mich« und: Wort zum Tun. Da gibt es nicht Theorie neben Praxis. Da gibt es nur das Wahre im Vollzug, unkompliziert, unbekümmert auch um das, was daraus entstehen mag. Nicht zerdeutbare Verwirklichung also, und sie ergibt sich daraus, daß der Einfältige der Ganzherzige ist.

Das ist wohl der Grund, weshalb Antonius zum Prototyp des Mönches geworden ist. Jedenfalls ist er es in seiner Berufung. Man sieht daraus: Mönch ist einer, dessen Leben eindeutig wird im Hören und Tun des ergehenden Wortes. Wenn der Mönch zum abstrakten Wissenschaftler wird, steht es schlimm um seinen Auftrag. Er muß verwirklichen, nicht bloß denken. Alle mönchischen Formen, die geschichtlich und soziologisch möglich waren, entstanden aus diesem Kern. Es gibt den Gelehrten: will er aber Mönch sein, muß er am einfältigen Wort einfältig werden. So war Beda der Ehrwürdige. In dem, was er schrieb, redete, wie er lebte und wie er starb, wurde – wie in so manchen großen und kleinen Mönchsgelehrten – das Erbe nicht des antiken Weisen, sondern des biblisch Frommen weitergetragen. Es gibt den Prediger und Missionar; will er aber Mönch sein, muß sich Gottes Wort und Wille als glühende Mitte in ihm erweisen, von der her alles brennt. Darum hat sich etwa ein Bonifatius »in der Furcht Christi und in der Liebe zur Pilgerschaft« losgemacht von der irdischen Heimat, und in aller apostolischen Verfügbarkeit war sein tiefster Impuls die Sehnsucht nach dem ganz eindeutigen Zeugnis bis zum Martyrium. Das »Wort für ihn« hat sein Leben so geprägt; es wurde einsam bei allem Verschenktsein an die Menschen, es hat in sich Exil, Verkündigung und Martyrium vereinigt, die drei Aspekte des mittelalterlichen Mönchtums[124].

Es gibt auch den Bischof, der im Herzen Eremit bleibt wie Martin von Tours. Aber nicht das macht ihn schon zum Mönch. Das »Wort für ihn« fordert, daß weder die Sehnsucht nach Gott allein noch die Sorge für die ihm Anvertrauten den letzten Ausschlag geben darf. Martinus erfährt das in der vielleicht schwersten Versuchung gegen Ende seines Lebens. Da muß er die Zerreißprobe bestehen zwischen Liebe und Liebe, bis die vorbehaltlose Einfalt in ihm herausgeläutert ist, die nur mehr harrt auf Gottes Willen. Und so kann es schließlich von ihm heißen, er habe »sich nicht gescheut zu sterben noch sich geweigert weiterzuleben«[125].

Von da erahnt man auch erst, was die Mönche Irlands im 6. und 7. Jahrhundert aufs Meer hinaustrieb zu langer, ungewisser Fahrt. Es war nicht Abenteurerlust oder schweifende Rastlosigkeit. Der heimatliche Boden war für sie zu warm, zu bergend. Der innere Befehl trieb sie fort wie Abraham. Wohin? Sie wußten es nicht. Nur eines war sicher: sie mußten zum Land der Verheißung, dorthin, wo Gott sie erwartete. Und so lieferten sie sich dem Wind aus, der Wasserwüste, ohne Kompaß, ohne zureichende Ausrüstung, so, daß jeder Vernünftige sich an den Kopf greift. Aber das ist gerade der springende Punkt. Man muß sich an den Kopf greifen, wo ein Leben eindeutig wird in Einfalt. Diese Männer waren tatsächlich so einfältig, zu glauben, daß sie so und nur so Mönche sein konnten, und das heißt: dem »Wort für sie« gehorsam. »Es war eine Fahrt zu einem geheimnisvollen, unbekannten, aber von Gott bezeichneten Platz. An ihm sollte der Mönch mit Gott zusammentreffen zur endgültigen Begegnung«[126]. So verstanden, nimmt in diesem Abenteuer Sterben und Aufgenommenwerden, das ganze Christenleben als Aufbruch in Gottes Willen und Geheimnis hinein Gestalt an. Im Abstoßen vom Land »auf sein Wort hin« wird der Bogen der Existenz unwiderruflich hinübergeworfen in das furchtbare und selige Dunkel jenseits aller Programme und allen Kalküls. Aber der Wurf ist rätselhaft treffsicher. Nur das einfältige Herz kann das. Es weiß, und darum verfehlt es nicht den, um den es weiß.

Die Formen haben sich seitdem gewandelt. Neue Formen sind aufgekommen, alte zerfallen. Der Kern ist geblieben. Man erkennt ihn an der elementaren Treffsicherheit, an dieser Intuition vor aller Analyse und Planung, am So-und-nur-so-leben-Können. Mönchische Einfalt braucht diesen glühenden Impuls, soll sie nicht in zahmer Harmlosigkeit verkümmern. Was keinesfalls heißt, daß sie nichts zu tun hätte mit dem Gewöhnlichen. Ganz im Gegenteil. Sie klärt sich zwar dort heraus, wo einer sich in die letzten Horizonte hinauswagt, sie fordert dieses Hinausgeworfensein. Aber sie verifiziert sich nicht überzeugender in den großen Gebärden als in dem schlichten, frommen Rechtverhalten, das urbiblisch ist und von dem in den Mönchsregeln oft die Rede ist. Wie es schon im spätjüdischen Testament des Issachar heißt: Der Einfältige »giert nicht nach Gold, übervorteilt nicht den Nächsten, will nicht das Vielerlei raffinierter Speisen, verlangt nicht nach kostbaren Kleidern, macht keine Pläne für ein langes Leben, sondern harrt allein auf Gottes Willen«[127].

Konkretisierungen, menschliche und alltägliche

Hier nun kommt die ganze Skala der Verhaltensweisen ins Spiel, die sich seit alters bündeln in dem Wort »Einfalt«[128]. Charakteristisch für sie alle ist ein Doppeltes: Einerseits bewegt sich der Einfältige immer hart an der Grenze oder auch darüber, dort, wo man draufzahlt, sich ausnützen läßt, das Tölpelhafte riskiert und das Unbelohnte, sogar Mißdeutete. Zum anderen geht durch jede dieser Verhaltensweisen ein großer Atem. Es ist der leidenschaftliche

Wille, ganz, ungeteilt und unwiderruflich mit dem zu sein, auf das es ankommt. Das ist jener einfältige Mut, den man nicht weiter rechtfertigen kann. Man kann auch niemandem dazu raten. Aber er macht, daß einer er selber zu sein wagt. Wenn »monachos« gedeutet wird als der Mensch, der mit sich eins geworden ist, dann hat das hierin seine Wurzel. Der Mut zum Einfältigsein macht das Mönchsleben eindeutig: er gibt ihm Profil.

Einfalt im Reden

An erster Stelle zeigt sich das im Reden. »Herr, wer darf wohnen in deinem Zelt, wer darf weilen auf deinem heiligen Berg?« – auf diese alles entscheidende Frage aus Psalm 14 gibt die Benediktusregel Antwort, indem sie Zug um Zug die Porträtskizze des Einfältigen aus dem gleichen Psalm nachzeichnet. Eines vom wesentlichsten dabei ist es, daß einer seine Zunge hütet und im Herzen Wahres redet. Wer ans Ziel kommen will, muß offen und gerade sein – vor Gott wie den Menschen gegenüber. Das äußert sich im ganzen Gehaben, das fordert ein aufrichtiges Herz; und es prägt das Wort. Ungekünstelt und verständlich muß man sich geben, ohne Hintergedanken, ohne Intrigen. Jeder muß wissen, wie er mit einem dran ist. – Ganz besonders betonen die Alten, daß man nichts sagen darf, was nicht mit dem Leben gedeckt ist. »Er lehrte, was er lebte, und lebte, was er lehrte«, rühmt Eusebius an Origenes, dem großen Vorbild der Aszeten[129]. Entsprechend heißt es von Lioba, sie habe sich stets in acht genommen, andere etwas zu lehren, was sie selbst nicht schon getan habe. »Nicht heilig genannt werden wollen, ehe man es ist«, liegt auf derselben Linie. Und: »Tu es zuerst, dann komm und rede darüber«, verweist ein Altvater einem Bruder das Urteilen über Dinge, von denen er noch keine Ahnung hat[130].
Wieder geht es um das fugenlose Ineinander von Denken und Tun, Theorie und Praxis, Wort und Gesinnung und Verhalten. Anders kann das Leben nicht aus einem Guß sein. Das ist auch der Grund für das Handfeste, oft frap-

pierend Schlichte so vieler Vätersprüche. Je simpler, desto leichter lebbar. Und nur was lebbar ist, ist wahr. Schließlich sieht so und nicht anders der »Weg des Lebens« aus, auf den die Benediktusregel führen will[131]. Sie steht damit auf altem Weisheitsgrund. Schon die Zwei-Wege-Lehre des jüdisch-christlichen Schrifttums kennt den Topos der »Einfalt im Reden«. Und ist es nicht die gleiche unverschlüsselte Aufrichtigkeit, die der Herr im Evangelium meint, wenn er sagt: »Eure Rede sei ›ja, ja – nein, nein‹ «? Was darüber hinausgeht, ist nicht gut. Es kann ja vielleicht nicht von der Praxis eingeholt werden, und dann verfällt es als unnützes Gerede dem Gericht.

Einfalt im Geben

Auch das ist ein alter Topos. Auch er findet Niederschlag im Mönchtum. Wo kann der Mönch denn geben? Er hat ja nichts. Doch, er kann es: als Lehrender; vom Ertrag der Arbeit; in seiner Anspruchslosigkeit; und nicht zuletzt in seinem Gehorsam.

Schon die Art und Weise, wie einer lehrt, muß einfältig sein. Das heißt: neidlos und bescheiden soll die Lehre weitergegeben werden, nicht wie Eigenbesitz, sondern wie etwas, an dem jedem Anteil gewährt wird, dem Lehrenden nur ein bißchen früher als dem Lernenden. Das gleiche gilt vom Austeilen oder Mitteilen des gemeinsam Erarbeiteten. »Zu jeder Zeit voller Mitgefühl gaben sie jedem vom Ertrag ihrer Arbeit, ohne Murren und Zögern«, an diesem Idealbild der erlösten Gemeinde, wie es im »Hirt des Hermas« gezeichnet wird, nahm die frühe Kirche sich ihr Maß, und auch die Mönche verstanden so ihr Verhältnis zu Besitz und Verdienst. Nur Empfangenes kann der Mensch weitergeben, das weiß der Einfältige. Und so tut er es.

Dabei macht ihm das Geben ausgesprochen Freude. Er schöpft ja aus dem Vollen. Ganz gleich, wem er gibt: erst im Geben wird er recht gewahr, daß ihm selbst gegeben und wieviel ihm gegeben wird. Wie ein Kind staunt er darüber und verschenkt es, unabhängig von seinem Gegenüber und dessen Dank. Auch das ist ein Wesenszug der Einfalt. Im Grund kann das nur einer: von ihm heißt es im Jakobusbrief (1, 5), daß er einfältig gibt, Sündern wie Gerechten. Wer sich von diesem einfältig reichen Gott beschenken läßt, der kann auch einfältig geben. Von Gott her ist er »in allem reich zu reiner Einfalt«[132], und das macht ihn glücklich.

Es gibt einen Charme in der Anspruchslosigkeit der ersten Mönche, der gelegentlich an Franz von Assisi denken läßt. Sie geben gern und geben alles, auch die andere Hälfte des schon zerschnittenen Kleides, wie Abbas Nisteroos; umgekehrt warten sie fröhlich, bis einer kommt, der ihnen wieder etwas zum Anziehen schenkt und machen keine Umstände, es anzunehmen[133]. Vom heiligen Benedikt erzählt Gregor der Große ähnliche Dinge in seinen Dialogen. Sie fehlen in kaum einer Vita dieser Einfältigen, die einem anderen die Sorge für ihr Leben übergeben haben und nun frei sind, sich beschenken zu lassen und weiterzuschenken. Was übrigens auch von Nichtmönchen zu lernen ist. Immerhin war Martinus erst Katechumene, als er seinen Soldatenrock mit dem Bettler teilte. Und er gerade erfuhr das Wunder des Einfältigen, daß sein Herr selbst sich von ihm beschenken ließ.

Einfalt im Gehorchen

Schließlich die Einfalt im Gehorchen. Sie gilt vor allem für den Zönobiten, der nicht verfügen kann über den Ertrag seiner Arbeit, nicht einmal über seine eigene Zeit und seinen Leib. Er kann aber gehorchen. Und da ist er der »fröhliche Geber«. Im Zusammenhang mit Gehorsam und Gehorchen tauchen denn auch in den Regeln die Ausdrücke auf, die schon im »Hirt des Hermas« den Einfältigen charakterisieren. »Ohne Murren«, »ohne Zögern«, »wohlgemut«, »mit ganzem Herzen«, »fröhlich«. Gerafft kann man das alles im Gehorsamskapitel der Benediktusregel (5. Kap.) nachlesen. Man darf das nicht als Dressurvorschriften mißdeuten. Im Gegenteil: Gehorchen heißt stehen zur

Entscheidung seines Herzens, in der man sich ganz gegeben hat, um zu antworten auf den sich ganz gewährenden Gott. Eine Angelegenheit der Liebe also. So kommt es, daß das »murrende Herz« alles verdirbt, auch wenn einer tut, was er tun soll[134]. Einfalt muß ganz gehorchen, und es geht dem Einfältigen wie dem opfernden Abraham, den ein spätjüdischer Targum sagen läßt: »In meinem Herzen war kein Zwiespalt, als du mir befahlst, Isaak, meinen Sohn, zu opfern, sondern sofort stand ich auf und tat nach deinem Wort mit Freuden«[135].

Aufschlußreich ist in diesem Zusammenhang, daß nirgends in den frühen Texten von einem »blinden« Gehorsam die Rede ist. Wohl soll vorbehaltlos gehorcht werden, das heißt: ohne daß jedesmal neu darüber zu entscheiden ist, ob nun gehorcht werden soll oder nicht. Das geht aber hauptsächlich die innere Geneigtheit an, lieber zu gehorchen, als es nicht zu tun. Die Umstände müssen selbstverständlich bedacht werden, und das kann dazu führen, daß einer sich außerstande sieht, zu tun, was ihm gesagt wird. Er darf und soll es dann sagen[136]. Es muß also nicht blind gehorcht werden. Wohl einfältig. Wenn der Vorgesetzte auf seinem Auftrag beharrt, soll der Mönch nicht nein sagen. Er soll über seine Grenzen hinaus sich Gott entgegenwerfen, der ihn dann auffangen wird. Das ist der Mut zu den größeren Horizonten, der Absprung von sich selbst, für den es keine andere Sicherheit gibt als Gott. Auch so bleibt einer auf der »Spur des stets gleichen Gutes«. Der Einfältige findet diese Spur heraus, diesen Plan und Anruf, dem er sich grundsätzlich und ganz übereignet hat. Das ist die Vorentscheidung, die jedem Gehorsamsakt zugrunde liegt. Darum kann einer sich überhaupt unterordnen: Menschen, Realitäten, Sachzwängen. Er bleibt im Sich-Hergeben frei, weil er vertraut. Er traut es Gott zu, daß er auf diese Weise zeigt, was er will. Er traut es dem anderen zu, den er vom Geist erfüllt glaubt, seinem »Abbas«. Er traut es auch dem Bruder zu neben ihm – es gibt einen gegenseitigen Gehorsam, der aus diesem Grund mehr ist als eine bloß aszetische Übung. Und so ist auch der Elan des

Vertrauens nicht zu schwach, sich denen zu unterstellen, die Autorität tragen. Den Sprung des Sich-Loslassens, auch ein Weitertrauen trotz unguter Erfahrungen, trotz Mißbrauch und Grenze: der Einfältige bringt das fertig. Es ist ihm nicht so wichtig, wie schwer ihm das fällt oder wie groß die Chancen sind, daß es sich lohnt. Im Grund hat er nur eine Not: daß er so weit hinter Gottes Güte zurückbleibt. Aber auch das ist für ihn eigentlich keine Not. Es wird nie genügen, was er tut, obschon er alles tun will, was von ihm verlangt wird. Gott ist so viel größer! Und das ist besser als alles sonst. Man bleibt also bei ihm, man hält sich an ihn – und nichts anderes heißt schließlich für den Einfältigen: gehorchen.

Wie das in Einklang zu bringen ist mit dem für jede Zeit Erforderlichen, mit ihren Gesellschaftsformen und psychologischen Möglichkeiten, das herauszufinden bleibt eine stets neu anstehende Aufgabe. Aber wie immer die Lösung aussehen mag, das Wort des Makarius wird Gültigkeit behalten: »Die Einfalt führt zum Gehorsam«[137]. Es ist wie ein Weg ohne Ausweg. Man kann sich nicht ganz für Gott entscheiden und sich dann doch aussparen in einer bloß klugen Anpassung und Diplomatie. Man muß bis zum Äußersten gehen. Das Maß nimmt sich der Einfältige an Jesus.

Aber es bleibt sein Geheimnis, wie unverkrampft, fast möchte man sagen: wie liebenswürdig er das tut. Es liegt wohl daran, daß das Leben, das Herz, wenn es ein-fältig wird, ins Weite gelangt. Wie noch einmal Makarius sagt: »Wenn (der Mensch) nichts mehr festhält, sondern die Sorge um das eigene Leben losgeworden ist, dann wird er für alle verfügbar, dann ist er gern bereit, fröhlich und zuversichtlich zu tun, was man von ihm will, als ein wohlgemuter, einfältiger Knecht«[138].

Einfältige Gelassenheit

Die Geschichte der Mönche und jedes einzelnen Mönches ist eine Geschichte des Kampfes. Einfalt dispensiert nicht davon. Im Gegenteil. Nur der Nicht-Einfältige könnte meinen, daß sie einem von selbst zufällt. Die Sünde, der unlenkbare Trieb, die böse Macht, lassen das Leben nicht mehr einfältig sein wie zu Beginn der Schöpfung. Die »doppelte Seele« (Jak 1, 8) ist eine Realität. Sie muß an Gott gesund werden, und das ist Gnade. Aber wie Genesen und Wachsen nicht vom Menschen gemacht werden und doch nicht ohne ihn geschehen, so auch das Einfältigwerden. Es verlangt, daß einer mit sich und all dem ringt, was das Herz aufwühlt und auseinanderzerrt. Und doch wird Einfalt dem, der sich abmüht, sozusagen in die Hand gelegt wie »das überaus zarte Lamm, als das sich der Mönch Gott dargebracht hat«[139].

Da ist sie noch einmal, die unaufhebbare Zweiheit von Schwäche und Kraft. Einfalt ist zart wie das Lamm: schwach und ungeschützt liegt es da, bedroht von Mächten, die wie die Raubvögel auf Abrahams Opfer (Gen 15, 11) herabstoßen. Der Mönch muß sie ständig im Auge behalten, sie immerzu verscheuchen. Das ist normal für ihn. In beidem äußert sich Einfalt: im Schwachsein, das dem ausgelieferten Lamm gleicht, und in der Entschiedenheit, mit der die Selbstauslieferung durchgehalten wird. Aber im Kern bleibt Einfalt zart, ein gelöstes, gewaltloses Sich-Auftun und Sich-Lassen. Nicht der düstere Zelot macht den Mönch, sondern der zutraulich sich Darbietende, der das wie mit leichter, kindlicher Hand tut, als stünde nicht alles auf dem Spiel, als müßte nicht in der Beraubung und Erfüllung vom Gott der Gnade her das Herz erst lernen, unter Schmerzen lernen, wieder es selber und ein Ganzes zu sein.

Wenn Evagrius das Ziel des Mönchslebens eine Blüte nennt, benennt er dieses Ineinander von Zartheit und Kraft. Im Einfältiggewordenen geht die stille, leuchtende Gelassenheit auf, die nur ein anderer Name für Liebe ist. Da vertraut einer, was immer ihm zustößt. Er weiß: sein Los ist »nicht feind, nur wunderseltsam« (A. Goes). Und auch die Menschen sind es. Ob sie ihm zusetzen wie die vielen, die den stillen weltentrückten Mönch Martinus mit ihrem bösen Gerede marterten; ob einer sich ausnützen läßt von solchen, die es nicht ehrlich meinen – die Benediktusregel spricht zum Beispiel von falschen Brüdern –; ob man Aggression hinnehmen, mit dem Komplizierten oder Introvertierten zurechtkommen muß: im Innersten bleibt der Einfältige glücklich. »Er blieb sich immer gleich«, sagt toposhaft die Martinus-Vita. »Wie von himmlischer Freude strahlte sein Gesicht ... In seinem Mund war nichts als Christus, in seinem Herzen nichts als Güte, Frieden, Mitgefühl«[140].

Da findet sich die Zweiheit von Schwäche und Kraft wahrhaftig aufgehoben in die Kraft, die sich in der Schwachheit vollendet. Und das ist bereits etwas von der paradiesischen Freude.

Narrheit in Christus

Die einfältige Gelassenheit hat aber noch eine andere Seite. Sie ist heiter, obgleich es dafür oft keinen ersichtlichen Grund gibt. Sie kann heiter, ja fröhlich sein, weil sie sich weigert, die gegenwärtige Wirklichkeit völlig ernst zu nehmen. Man hat gesagt, das Eschatologische sei das komische Element im Christentum[141]. Wer sich dem Letzten verschrieben hat, heißt das, der weigert sich, das Vorletzte ernst zu nehmen, als wäre es das Letzte. Er bestreitet es in seiner absoluten Wichtigkeit. Und er tut es so, daß man seinen Spaß daran haben kann. Nicht nur, weil der Kontrast zwischen vermeintlicher und wirklicher Gewichtigkeit immer komisch wirkt; sondern weil in diesem Bestreiten Bejahung mitschwingt. Eine andere Welt wird bejaht, die der Mensch sucht, ahnt, erhofft und schon repräsentiert. Im Bejahen gerät er in Gegensatz zur hiesigen Welt. Im Bestreiten übernimmt er eine Narrenrolle.

Einer der letzten Aussprüche Thomas Mertons lautete: »We shall clown together«. Er und Jean Leclercq würden »zusammen den Clown machen«[142]. Sie sollten nämlich dolmetschen, er, obwohl Poet, J. Leclercq, obwohl mit erheblichen Lücken im Englischen. Sie würden sich also blamieren. Aber das machte ihnen nichts aus. Es lag sozusagen auf der Linie, und diese Linie ist die des Einfältigen.

Der riskiert die Lächerlichkeit, ja er macht sie sogar zum Programm. »Ludam, ut illudar«, schreibt Bernhard: »Ich mache Spaß, daß man sich mit mir seinen Spaß macht«[143]. Aber der Grund ist recht ernsthaft. Wenn der Einfältige so ist, wie er ist (und das gehört zur Einfalt), dann ist er notwendig anders, als man im allgemeinen sich gibt und verhält. Damit riskiert er die Lächerlichkeit, die Außenseiterrolle. Er kann die Lächerlichkeit aber auch zum Programm machen, indem er diese sich so wichtig nehmende Welt einfach nicht akzeptiert. Er bestreitet sie, selbst wenn er dabei den Dummen machen muß. »Halte Welt und Menschen zum besten, indem du den Dummen machst«, heißt ein Väterspruch aus der Wüste[144]. Das heißt: Sei anders als die anderen, die nur auf sich aus sind; liege quer, damit die Welt offen bleibt (P. Schütz). Liege richtig, damit eine verkehrte Gesellschaft sich an dir stößt und vielleicht merkt, wie verkehrt sie liegt. »Es kommt eine Zeit«, sagt Abbas Antonios, »da werden die Leute närrisch. Und wenn sie einen sehen, der nicht närrisch ist, dann stehen sie auf gegen ihn und sagen: Du spinnst! deswegen, weil er anders ist als sie«[145].

Der Einfältige braucht also nur er selbst zu sein, und schon schockiert er. Das macht die Eindeutigkeit, mit der er bestreitet und bejaht. Man kann es genauer sagen, was da bejaht und was da bestritten wird. Bejaht wird die Botschaft vom Kreuz und seinem ärgerlichen Heil. Bestritten wird das tausendfache Vorbeigehen an diesem Wort vom Kreuz. Das Bejahen äußert sich darin, daß einer bewußt den Dummen macht. Wie jene Nonne in Tabennesi, von der Basilius erzählt[146], die niemand für voll nahm (sie verrichtete die schmutzigsten Arbeiten und war »zum Wischtuch des Klosters« geworden). Aber ausgerechnet in ihr entdeckt der Mönch Pyoterius die vom Geist Erfüllte. (Eine moderne, nicht-christliche Variante: In A. Solschenizyns »Hof der Matrjona« gibt es diese alte Bäuerin, die so dumm ist, ohne Lohn für andere zu arbeiten und in allem Elend freundlich bleibt bis an ihr Ende. »Wir alle lebten neben ihr her, verstanden nicht, daß sie eben jener Gerechte war, ohne den, wie das Sprichwort sagt, ein Dorf nicht besteht. Auch keine Stadt. Auch nicht unser ganzes Land.«)

Man könnte nun vieles aufzählen: skurrile Dinge, Absonderlichkeiten, die uns heute abstoßen, gewollte und unfreiwillige Komik quer durch die Geschichte der Mönche. Gemeinsam ist dem allen das Bestreiten der Welt, wie sie ist, eine Revolution der Einfalt also, die aber fröhlich sich selbst als Preis gibt. Bei aller Unberechenbarkeit, ja Clownerie geht von ihr eine seltsam ordnende Kraft aus. Sie setzt ja die Maßstäbe vom Wesen her, sie reißt durch ihr Sosein die Masken ab. Und so kann sie auch einer verkehrten Welt die Korrektur des Evangeliums geben, einfach darum, weil sie mit dem Evangelium zu tun hat. »Er saß da«, heißt es vom Mönch Awakum in E. Kästners Stundentrommel vom heiligen Berg Athos, »am untern Tischende, aber auf einmal war dieses Tischende oben. Er saß da, das Gesicht von Gräben durchzogen, die Augen geschlitzt, der Bart verwildert, auf dem Haupt einen Topfhut aus grauem schäbigem Filz, der eher lächerlich war, und alles das wäre nichts Besonderes gewesen, wenn er nicht diese unglaubliche Freude ausgestrahlt hätte«. Narrheit als Freude – worüber denn? Weil »das Wissen des Nichtwissenswerten, das unser aller Besessenheit ist«, keinerlei Macht über ihn hatte. Positiv: Weil er sich leer gemacht hatte für Christus. »In mir ist nichts als der Herr. Nichts als der Herr und die Freude ... Wenn Christos in mir ist, dann ist Freude in mir. So spreche nicht nur ich, genauso sprechen alle meine Brüder, die nichts besitzen als Gott«[147].

Das ist die reine Bejahung, in der alle bestreitende Narrheit zum Dienst der Liebe wird. Denn indem der Einfältige diese ganze wißbegierige, hektische, sich selbst so wichtig nehmende Welt mit ihren Erfolgen und ihrem Versagen, mit ihren Plänen und Ängsten und selbst mit ihrem Verzweifeln in sein Bestreiten mitnimmt, bringt er sie schließlich dazu, mit ihm zu bejahen. Oder zumindest zuzugeben, daß diese Narrheit eine grenzenlos einfache Lösung ist, wie Kästner mit leiser Wehmut meint, »und jeder von uns hatte auf seine Weise versäumt, sie zu finden«.

Versäumte Lösung?

Von da spannt sich der Bogen zurück zum Ausgang unserer Überlegungen. Der »Dumme«, den kaum einer beachtet, niemand für voll nimmt, er ist der Unersetzbare, soll die versäumte Lösung gefunden werden. Einfalt hilft, daß nicht alles zum leeren Getue wird, daß nicht alle Freude ausstirbt unter den Menschen. Der Einfältige durchbricht die Norm des »man«: er macht den Dummen, er kann sich das leisten. Denn er ist zuinnerst frei. Genesene Geteiltheit, das ist sein unvergleichliches Plus. So kann er querliegen, um den Dienst des Schockierens zu tun. So kann er aber auch jedem zugewandt sein, unabhängig von dessen Zuwendung. Er hat ein nicht zerstörbares Vertrauen. Das kommt daher, daß er nicht auf der Vielfalt und Wandelbarkeit steht, seitdem er sich fortgewagt hat auf den Ur-Einen hin.

Menschliches Zusammen kann nicht gedeihen ohne solche Einfältige. In ihnen ist der Arme der Bergpredigt unter uns und das Kind, das Jesus in die Arme schließt. In ihnen kann man etwas ahnen von einer Bejahung, die ihre Freude hat nicht am eigenen Nutzen, sondern am Sich-Verschenken; die einfach liebt. Sie trägt die Welt, weil sie in nichts ihr eigenes Großwerden sucht. Sie lebt aus dem »Geschenkt-Erhalten«, in dem nach dem Atheisten Machovec das unterscheidend Christliche zu sehen ist. Die frühen Mönche versuchten, so Christen zu sein. Ihr Versuch leuchtet weiter. Ihre Lösung ist noch immer zu finden.

8. Kapitel:

Der himmlische Mensch

»Keinen Schluck Wasser trinkt das Huhn, ohne einen Blick zum Himmel aufzutun« – der »blöde Kindervers«, ironisch-bitter von Ernst Bloch in Umlauf gesetzt[148], zeigt schlaglichtartig, wie es mit dem »Himmlischen« heutzutage bestellt ist. Die Vokabel kommt ernsthaft nicht mehr vor im Wörterbuch des urban-weltlichen Menschen. Zu sehr ist die Erde, eine entzauberte, vernutzte, verzwängte Erde, zur Aufgabe und zum Ort geworden, wo Dasein zu bestehen und im Miteinanderbestehen Mensch zu sein, zu bleiben ist. Auch für den Christen füllt das den Gesichtskreis. Der Himmel ist ihm fern gerückt, wenigstens für jetzt. Der Mensch vollendet sich im Hiesigen.

Die Weltentsager, die frühen Mönche, dachten umgekehrt. Und merkwürdige Begriffe und Vorstellungen verbanden sie mit ihrem Ideal vom vollendeten Menschen, vom Vollchristen. Sein Leben ist dem der Engel gleich, sagten sie. Er hat die Welt hinter sich gelassen, befindet sich auf der Himmelsreise, auf dem Rückweg zum Paradies. Ja er lebt so sehr in der Beschauung, im Sog des Jenseitigen, daß es ihn fortreißt ins Gebet, wenn er auch nur die Hände hebt[149].

Ein solcher Typ Mensch erinnert mehr an eine Ikone, an den geflügelten Täufer etwa, in dem man so gern ansichtig machte, was es mit dem Mönch auf sich hat. Uns ist er fremd, er ist nicht Mensch wie wir, die wir nicht entlaufen wollen aus den natürlichen Bindungen, die wir »zur Erde entschlossen« sind (A. Delp) in der Überzeugung, daß die »Gestalt der Gnade« ein irdenes Gefäß ist, erdhaft eingewurzelt und kräftig leibhaft, solange diese Weltzeit dauert.

Was soll man also sagen dazu, daß die Alten das Mönchsleben oft und sogar vorrangig ein »himmlisches Leben« nennen (vita caelestis), eine »himmlische Berufung« (caelestis professio), eine »himmlische Daseinsweise« (caelestis conversatio)[150]? Läßt sich solchen Wortprägungen und Vorstellungen etwas anderes abgewinnen als allenfalls, bestenfalls der Respekt, mit dem wir reagieren auf Verirrungen von einigem Format?

»Himmlische Daseinsweise« (conversatio)

Man hat die Nomenklatur dafür rasch bereit. Und zum Teil trifft es ja auch zu – in den vorausgehenden Kapiteln war die Rede davon –, daß die Mönche damals nicht frei waren von außerchristlichen Einflüssen und Zeitströmungen. Ein leibfeindlicher und schöpfungsverachtender Dualismus durchzog zweifellos ihre Frömmigkeit oder doch ihr Lebensgefühl. Und dafür zeichnet nicht das Evangelium verantwortlich. Wofür das Evangelium zitiert werden kann, das zeigt sich, wenn man tiefer schürft, wenn man vor allem sich die Mühe macht, einmal die Quellen zu lesen. Da merkt man bald, daß der Grund nicht platonisch und nicht gnostisch oder manichäisch war, sondern biblisch. Man stößt auf biblisch-christliches Urgestein.
Daß das auch für die Vorstellung vom »himmlischen Menschen« gilt, läßt sich gut zeigen etwa an dem Wort »conversatio«. »conversatio« heißt »Wandel«, »Lebensweise«. Doch schon seit den Anfängen des lateinischen Mönchtums versteht man darunter ohne weiteren Zusatz den mönchischen Wandel, die aszetische Lebensform[151]. Man übersetzte damit einen sehr typischen griechischen Begriff, nämlich das Wort »politeía« oder »políteuma«. Das Wort benennt eine ganz bestimmte Lebensart und Verhaltensweise, nämlich die der »polis« entsprechende – wir würden heute sagen: ein politisches oder doch soziales, jedenfalls gesellschaftsorientiertes Verhalten. In diesem Sinn wird »conversatio« im frühchristlichen Latein fast wie ein terminus technicus gebraucht. Und es lag nahe, daß man das Wort dann anwandte auf das Leben eines Mannes, der wie der Mönch zwar ausgezogen war aus der staatlichen Gesellschaft, aber nun gerade nicht als Privatmann lebte,

sondern wie einer, der sich der anderen »polis« eingegliedert hatte, diesem außerweltlichen Gemeinwesen, von dem die Mönche Zeugnis geben.
So heißt es etwa in der Antonius-Vita[152]: »Ich will euch schreiben über die conversatio (politeía) des seligen Antonius.« Jeder versteht, daß er nun etwas zu hören bekommt vom Mönchswandel des großen Anachoreten. Man braucht das nicht eigens zu sagen. Wohl aber kann man hinzufügen – und das geschieht verhältnismäßig oft – das Adjektiv »caelestis«, »himmlisch«. Ein charakteristisches Beispiel: Die vielen, die Antonius dazu bringt, daß sie Mönch werden, »verließen alles, was sie hatten und bekannten sich zur himmlischen Lebensweise«[153]. Von nun an, heißt das, führten sie ein Leben, das so weit wie nur möglich der neuen Bürgerschaft entspricht, von der Paulus im Phil (3, 20) sagt: »nostra conversatio in caelis est« – »wir sind Bürger des himmlischen Reiches.« Seit der Taufe, meint der Apostel, gehört der Christ der anderen Welt und Stadt an. Dort im Endgültigen hat er Heimatrecht und Bürgerpflicht. Mönchsleben als »caelestis vita« bedeutet nichts anderes, als daß die urchristliche Existenzverlagerung aus dem Irdisch-Hiesigen ins Himmlisch-Endgültige als Daseinsstruktur bejaht wird und mit allen Konsequenzen verwirklicht werden soll.

Dienst, wie die Bibel ihn meint

Eben dieses – wurzelhaft wie zielhaft – himmlische Leben hat ursprünglich nichts zu tun mit dem platonisch-gnostischen Ideal. Wohl gehört es unabdingbar zum Mönch, daß er sich um die rechte Ordnung müht, in der nicht das Nächstliegende, das Triebhafte oder überhaupt das Irdisch-Empirische bestimmend ist. Aber was er in der Aszese und im Gebet primär anzielt, was er mit seinem ganzen Wandel im Blick hat, das ist nicht die körperlose und weltlose Schau des »reinen« Geistes, sondern Gottes Wille und Reich. Sein Leitbild ist das, was die Bibel Dienst vor dem Herrn nennt. »Knecht des Herrn«, »Diener Gottes«

gilt als Mönchstitel. »Sich zum heiligen Dienst bekennen«, heißt: Mönch sein[154]. Wer sich dazu vom üblichen Leben zurückzieht, will also nicht, wie der stoische Weise, für sich philosophieren und in einem kontemplativen »otium« sein Genügen finden. Gegenüber der starren Ruhe eines Seneca oder dem weltschmerzlichen Selbstgenügen eines Mark Aurel ist hier alles vitale Dynamik. Der Mönch ist ständig im Aufbruch aus sich heraus, über sich hinweg auf Gott hin in unablässigem Ringen, im geistigen Kampf und im Erleiden des Lebendigen. Man lese etwa die Martinus-Vita des Sulpicius Severus. Wie da die übliche Aufspaltung in actio und contemplatio jeden Sinn verliert! Sie greift zu kurz, und das nicht nur, weil hier ein Mönch zugleich Bischof und engagierter Seelsorger sein muß. Was dieses wie jedes wirklich christliche Mönchsleben bestimmt, ist nicht eigentlich der naturhafte Rhythmus von Muße und Nichtmuße, nicht einmal der aszetisch-moralische von Gebet und Arbeit. Jenseits dessen, oder genauer: in seiner Tiefe, als innerster Impuls, wird etwas spürbar, was nicht der Mensch für sich treibt und also auch läßt, sondern was Gott durch ihn ins Werk setzt. »Eitel sind Muße und Nichtmuße: für sie sich frei zu machen, verbietet Gott, der gebietet, seinen Gesetzen zu gehorchen«, bringt das mit erstaunlicher Klarheit Paulinus von Nola zum Ausdruck[155]. Demnach ist der Christ, als der sich der Mönch versteht, so gebunden an den endgültigen Willen, das endgültige Leben und Reich, daß er nicht mehr verfügen kann über sein Tun oder Lassen. Weder Muße noch Nichtmuße stehen in seinem Belieben, seitdem er sich entschieden hat für den Dienst dessen, der seinerseits in ihm wirkt, sich seiner bedient.

Genau das macht aber Mönchsleben zum »himmlischen« Leben: daß es »Werk Gottes« ist, »Opus Dei«[156]. Damit verliert es nicht nur jeden Anhauch von geistlicher Schizophrenie oder Verstiegenheit; es wird unendlich frei und gelöst. Himmlisch ist ein Menschenleben, das ganz und gar, bis in die innerste Faser Gott überlassen wird, was nicht die Mühe, das Blut und die Tränen ausschließt, wohl aber die Gnadenlosigkeit der tödlichen Selbstumkreisung. Daß der Mensch bei allem Sich-Abmühen von der Gnade getragen und umfangen wird, daß sein Leben Dienst ist, vom Herrn der Indienstnahme ermöglicht und vollendet, nicht einst, sondern schon immer, und daß er aus diesem Glauben existieren kann, das ist es recht eigentlich, was die Alten mit »Opus Dei« meinten. Die frühe Kirche, die Apostel und die Blutzeugen haben ihr Christenleben so verstanden. Es ist die oft bezeugte Erfahrung, daß im Glaubenden »die Gabe des Geistes und das Angeld der Erbschaft bis zu ihrer Fülle« wächst, dieses in der Taufe erhaltene Angeld, die Wesenheit des Geistes, der durch diesen Menschen hindurch sein Werk in der Welt treibt[157]. Das ist das Geheimnis des himmlischen Lebens. Die Mönche nehmen sich nur zu Herzen, was für alle gilt, die sich ihm nicht verschließen.

Erlöstes Dasein

Worin entsprach nun im einzelnen das Mönchsleben seiner himmlischen Zuordnung? Woran erkannte man im Mönch den »himmlischen Menschen«?
Ganz sicher daran, daß man ihm sein Erlöstsein glauben konnte. Er war in einem tiefen Sinn entlastet. Das zeigte sich in der sorglosen Unbekümmertheit, die nicht in der Last und Hitze des Tages steckenbleibt, sondern nach dem Evangelium von den Blumen und Vögeln zu lernen ist (»amerimnia«). Hand in Hand damit geht eine Emsigkeit, die fröhlich bei der Sache ist, ohne ihr doch zu verfallen (»sedulitas«, »industria«). Humor gehört dazu, nicht dumme Possenreißerei, aber Heiterkeit, gelegentlich geistreich bis zur Komik, »gewürzt mit göttlichem Salz«[158]. Weiter ein schöner Freimut, beim Beten vor allem, aber auch im Umgang miteinander, wie er nur unter Hausgenossen denkbar ist, unter Freunden, die sich trauen und kennen. Angstlosigkeit läßt im Frieden sein, jenseits der fortdauernden Bestrittenheit und Bestreitbarkeit, der Mensch wird in seiner Seele ein unerklärliches Erfülltsein[159] ge-

wahr, das mitten im Elend aufatmen läßt und in aller Bodenlosigkeit trägt.
Das und anderes zeigt, daß einer mitten im Suchen schon irgendwie gefunden hat. Besser: gefunden worden ist. Wie soll man das beschreiben? Wer es nicht erfahren hat, versteht kein einziges Wort. Wer es erfahren hat, mag kaum darüber reden. Das ist heute so wie damals. Die sparsamen Andeutungen sind dennoch eindeutig. In seiner Aszese, heißt es von Antonius, erfährt er den Herrn als Mitwirkenden[160]. Aszese ist Werk des Menschen über ihn hinaus: ein Mühen, das Gott nahebringt, Göttliches im Menschen wirkt, weil Antwort auf die wirkende, ziehende Gnade. Aszese ist Mystik, man kann sie nicht voneinander trennen, nie ohne Schaden für beide und ganz sicher nicht in dieser frühen Zeit[161].
Für einen, der die Erfahrung der Gnade nicht kennt, sieht dieses harte, einseitige Leben aus wie eine große Dummheit, wie ein Vorbeileben am Greifbaren und Angebbaren, am Genießbaren und »Normalen«. Wer es dennoch auf sich nimmt und dabei immer glücklicher wird, in jener seltsamen Weise glücklich, die der Außenstehende nur kopfschüttelnd konstatieren kann, weil er keine Erklärung dafür hat, wer so im Schweren sich löst, absichtslos, durchsichtig, lauter, der zeigt etwas auf vom Grundgesetz der neuen Schöpfung, von einer himmlischen Erde, die nicht mehr unter dem Zwang der Sünde und des Todes steht, sondern schon zu erwachen beginnt unter dem Geist.
So etwas läßt sich natürlich nicht programmieren. Wenn in den Regeln doch eine Art Programm aufgestellt wird, dann nicht, weil man meint, der »himmlische Mensch« komme gleichsam automatisch zum Vorschein, wo einer nur die Spielregeln einhält. Kein Zweifel: Man muß tun, was man kann. Man muß sicher die Hindernisse aus dem Weg räumen, so gut das geht. Aber was dann die Gnade mit einem tut, das weiß keiner. Sie bindet sich an nichts, auch nicht an die mönchische Lebensform. »In der Stadt ist einer«, wird dem großen Antonius in der Wüste gezeigt, »der ist dir gleich. Seines Zeichens ist er Arzt. Was er entbehren

kann, das gibt er den Armen, und den ganzen Tag über singt er mit den Engeln das Dreimalheilig«[162]. Ein engelgleiches Leben, das sich um Standesunterschiede wenig kümmert, wie auch die »Verbrüderung« des seligen Paphnutius mit einem bekannten Witzbold zeigt: der werde sein Mitgenosse sein im ewigen Leben, erfährt der hochangesehene Vater zu seinem nicht geringen Erstaunen. Aber das ist gerade das Himmlische an der Sache! So geht es zu mit Gottes Reich. Wie Hugo Rahner einmal sagte: Es gibt »ein dunkles und süßes Geheimnis der Gnade, die auf dem Erdkreis spielt«[163]. Man kann nur mitspielen, staunend, mit großen Augen wie ein Kind, und gar nicht so sehr daran interessiert, ob der Spielplatz nun unbedingt das eigene Schicksal ist oder nicht noch viel mehr das des anderen. Auf dem Erdkreis spielt die Gnade, und daß sich das so gar nicht einzäunen und vorausberechnen läßt, ist das eigentlich Köstliche. Es ist so schön, es macht so frei. Und das Seltsamste: Ganz versunken in das Spiel merkt der Mensch gar nicht, wie er plötzlich das lang Gesuchte in Händen hält. Mit einemmal weiß er, was himmlische, paradiesische Freiheit sein muß. Er kann von innen her gut sein, über sich verfügen zugunsten anderer. Er tut jetzt »wie von selbst«[164], was er zuvor nur mit großer Anstrengung fertiggebracht hat. Er ist sich entworden und nimmt am Göttlichen teil. Eins mit sich, ist er es mit den Geschehnissen, den Menschen, den Dingen, weil er eins geworden ist mit dem Grund des Daseins. Und so ist er ein Lobender und Liebender, und ohne daß er es will und weiß, dringt ihm das Erfülltsein sozusagen aus allen Poren und weckt im andern das Staunen. Wie da die Augen leuchten, das ganze Wesen klar wird, das Aussehen sich wandelt, das wird in den alten Schriften oft geschildert. Manchmal übertreibt man dabei[165]; manchmal kommt – wie in der berühmten Beschreibung des Antonius nach seiner zwanzigjährigen Anachorese[166] – das stoische Ideal durch, der leidenschaftslose, der logosbestimmte Weise. Bisweilen aber spürt man, wie der Schreiber gleichsam zittert vor Freude, daß es das gibt auf dieser elenden Erde, in diesem widerspenstigen Fleisch und Leib: den gotterfüllten, den himmlischen Menschen.

Privilegierte Christen?

Wenn eine theologische Begründung existiert für die Vorstellung eines solchen Menschen, dann müßte es wohl diese sein: daß Gottes Reich schon da ist und im Glauben erfahren werden kann; daß Gottes Anwesen mitten in der Geschichte machtvoll den ergreift, der sich ergreifen läßt. Eben das nennt die Schrift »Gottes Werk«, »opus Dei«: daß einer glaubt an diese machtvolle Präsenz und sich von ihr ergreifen läßt (vgl. Jo 6, 29). Der Mönch hat sich diesem alles Entscheidenden, Letztgültigen verschrieben. Im Glauben wird er, heißt das, zum beständig Umkehrenden, der darin dem Ruf des Reiches entspricht. Als Glaubender erfährt er, wie die Gnade seiner Mühe entgegenkommt. Er nimmt wahr, daß und wie der Herr in ihm am Werk ist, und diese Wahrnehmung reicht vom angefochtenen Trauen ins Dunkle hinein bis zu der innersten Gewißheit, die nur Liebende kennen. Als Glaubender durchbricht er auch den engen Kreis seiner Zurückhaltung und weitet sich für Gottes Weltzuwendung, die universal ist und zugleich ganz nahe Zuneigung. Aber eben weil das alles Erfahrung eines Glaubenden ist, hat es nichts zu schaffen mit dem Privileg irgendwelcher Auserwählung, ist es jedem zugänglich, der sich dem Angebot Gottes in Christus auftut. Paulus spricht mit großer Selbstverständlichkeit von der »Gnosis«, die der Geist im Getauften wirkt. Und er meint damit gerade nicht die Extravaganzen der »Gnostiker« seiner Zeit. Jeder, der »in Christus« ist, hat nach dem Hebräerbrief (6, 4 f) »die himmlische Gabe gekostet«; und diese Gabe sind »das kostbare Wort und die Kräfte der kommenden Welt«. Er ist erleuchtet, er selbst ist im Herrn Licht geworden (Eph 5, 8). Mit der Gabe des Geistes hat er bereits die Anzahlung der künftigen Glorie. Er bekommt in der Eucharistie das Unterpfand des Noch-nicht-Erschienenen schon in die Hand, er kostet von dem,

was Gott bereithält für die, die ihn lieben. Das Reich der Himmel ist also schon in ihm (vgl. Lk 17, 21). In der Frucht, die der Geist in ihm zeugt, nimmt er es wahr: im Frieden, in der Freude und im Trost, in der Liebe eines gewandelten Herzens. Und indem er es wahrnimmt, wird es ihm wiederum zum machtvollen Antrieb, dem Kommenden entgegen. Das geschieht im Schwung der großen, glühenden Hoffnung ebenso wie in den kleinen, geduldigen Schritten der Gütigkeit, Treue, Redlichkeit, Bescheidenheit, im entschlossenen Handeln ebenso wie im Leiden, das seiner Verheißung entgegenharrt.
In dem allen lebt einer über das hinaus, was vorhanden ist. Er lebt auf das Letzte hin. Das Entscheidende dabei: daß er es nicht in Überheblichkeit tut, auch nicht nur, weil er Verlangen hat nach einer besseren Welt und schon gar nicht, weil er fliehen will vor dem moralischen Anruf seiner Stunde. Sondern er lebt so, weil es so der durch Christus geschaffenen Realität entspricht. Daß einer wie der Mönch ganz und nur auf diese Realität setzt, die ihn angerührt hat, ihn festhält, das ist in dieser Ausschließlichkeit nicht (mehr) Sache aller Christen. Aber es läßt sich – biblisch und theologisch – verankern im Herzen des Christlichen. Die Vorwegnahme des Endgültigen ist auch und gerade in Zeiten ohne die Naherwartung der frühen Gemeinden ein legitimer und notwendiger Vollzug des Glaubenden. Der »himmlische Mensch« gehört zum voll gelebten Evangelium. Er ist ein Ausbrechen Gottes, der anwesend ist, eine Erscheinungsweise seines Mysteriums, ein Riß in dieser Welt, durch den das Licht des Himmels einströmt (Boros).

Wie aber heute?

Aber die Frage ist nicht vom Tisch zu wischen, ob dieser Weg für den heutigen Menschen noch gangbar ist. Und wenn ja: Welche Einstiegsmöglichkeiten bieten sich an, welche Auffangstellen insbesondere für Impulse, die vom Frühmonastischen ausgelöst wurden? Was der »himmlische« Mensch der alten Mönche bedeutet, wird ja erst ansichtig, wenn nicht nur eine theologische Begründung noch zugänglich, noch zumutbar ist, sondern er selbst als konkreter Lebensvollzug, als Möglichkeit für mich.

»Das Jenseits ist dahin ...«

Wenn H. Cox mit dieser lakonischen Feststellung[167] recht hat, steht es schlecht mit solchen Einstiegsmöglichkeiten und Begegnungspunkten. Mindestens muß man wohl zugeben, daß hinter der Vorstellung der Mönche ein Jenseitsglaube stand, den wir, auch wir Christen, so nicht mehr haben. Mag immerhin gelten, daß die Verbannung des Göttlichen aus Welt und Materie, daß die Aufspaltung in zwei gegensätzliche Bereiche, daß Schöpfungsverachtung und Leibfeindlichkeit zu keiner Zeit christlich waren. Unterschieden *hat* man aber zwischen dem Diesseitigen und dem Jenseitigen; und das größere Gewicht lag auf dem zweiten. Heute gilt das weitgehend nicht mehr. Was unser Lebensgefühl bestimmt, was unsere Kräfte in Beschlag nimmt und aufzehrt, ist doch fast durchweg das Streben nach innerweltlicher Leistung und greifbarem Glück, nach Einsatz füreinander, nach größtmöglicher Entfaltung oder doch nach dem Zurechtkommen hier, in dieser Welt. Die Probe aufs Exempel: Wer würde noch spontan das, was er will und maximal anstrebt: den vollendeten Menschen, die vollendete Welt, ein »himmlisches« Menschsein und Dasein nennen?
Und doch: diese Feststellung kann nicht gleichgültig lassen. Es geht offensichtlich um mehr als um das Verschwinden eines der vielen überholten Menschen- und Weltbilder. Unberührt von den damaligen Akzenten und Lichtern bleibt ja der Kern. Wir nannten ihn einen legitimen und notwendigen Glaubensvollzug, einen Ausgriff nach dem Letzten, der zum voll gelebten Evangelium gehört. Wenn das wahr ist, wenn man das bejaht, wird man nicht nur von der Freudlosigkeit auf so vielen Gesichtern und dazu in der Verkündigung der christlichen Kirchen beun-

ruhigt[168]. Oder vielmehr: dann sieht man, wie sich in dieser fehlenden Freude eine bis zur Wurzel reichende Fehlhaltung kundtut. Wer so ohne Freude lebt, der lebt praktisch gnadenlos. Er rechnet nicht mehr damit, daß da noch etwas aussteht, was Menschen sich nicht geben können, sondern schenken lassen müssen. Er zählt auch nicht mehr auf das schon Gewährte, auf den sich gewährenden Gott, der in Wahrheit, nicht in bloßer Hoffnung frei macht vom Druck einer Welt und Geschichte, für die kein Mensch, auch keine Gesellschaft die Verantwortung tragen kann. Und wenn auch Christen so tun und leben, weshalb nennen sie sich dann noch Christen? So gesehen, läuft die Frage nach dem »himmlischen« Menschen heute hinaus auf einen Test unserer Christlichkeit.

»Auf den Spuren der Engel«

Immerhin mehren sich die Stimmen, und durchaus nicht nur in christlichen Lagern, die nach dem ganz anderen verlangen. Ekstase, Transzendenz, Sehnsucht, das »Gerücht von Gott« und »die Spuren der Engel« gehören zum erstaunlichen Vokabular einer neu aufbrechenden Suche nach dem Nicht-bloß-Diesseitigen. Ob es die andere »Seite« gibt, bleibt vielen dunkel. Aber vielleicht gilt allgemein, was M. Horkheimer über die gesellschaftliche Funktion der Religion sagt: daß sie heute zwar nicht mehr den Guten die Seligkeit im Paradies und den Bösen die Hölle verheißen kann, daß sie jedoch dem Menschen bewußt machen kann, daß »über dem Leid und dem Tod (des Menschen als eines unweigerlich endlichen Wesens) die Sehnsucht steht, dieses irdische Dasein möge nicht absolut, nicht das Letzte sein«[169]. Die »Sehnsucht nach dem ganz Anderen«, die damit beschrieben wird, ist sicherlich noch nicht ein Erfülltsein, wie es die Mönche suchten und erfuhren. Man wagt gar nicht, sich auf einen Gott zu berufen, geschweige denn, daß die Rede wäre von einem mitgeteilten göttlichen und also himmlischen Leben. Aber diese Sehnsucht könnte etwas Entscheidendes bewirken: daß die in sich verschlossene säkularistische Welt aufgesprengt, daß das Nur-Menschliche von der Wurzel her in Frage gestellt wird. Wo das geschieht, ist bereits der erste Schritt zu einer echten Transzendenz getan. Da kann es dann sein, daß der Mensch heraustritt aus den »Gewißheitsstrukturen des Alltags«, daß er sich auftut für das Tiefverborgene rings um ihn, das ihn anruft, heute, wie zu allen Zeiten. Nicht etwa ein Mönch, sondern der amerikanische Soziologe Peter L. Berger nennt diesen Schritt »Ekstase«. Und er meint, der Mensch sei so gebaut, daß er ohne diesen Schritt über sich hinaus nicht auf die Dauer Mensch bleiben kann. Er muß dem »Gerücht von Gott« nachgehen, auch wo es nur eine verwehte, wenn nicht versteinerte Spur ist[170]. Er muß »auf den Spuren der Engel« bleiben, will er nicht ersticken in Sinnlosigkeit und Banalität. Daß er das heute mit Vorzug nicht in irgendeinem mystischen Niemandsland tut, sondern in seiner alltäglichen Welt, daß er versucht, die ganz gewöhnlichen Gesten seines Daseins und Mitseins abzutasten und abzuhorchen auf das andere hin, spricht nicht gegen, sondern für die Echtheit der elementaren Nötigung zu einem Menschsein, das mehr ist als das Nur-Menschliche.

Chance einer Begegnung

Und so fragen wir noch einmal: Hat dieses Ausbrechenwollen aus einer langweilig werdenden Mensch-Welt wirklich nichts zu tun mit dem Ausgriff der Mönche nach dem Letzten, dem sie sich entgegenmühten im neumachenden Geist ihres Gottes, in dieser Lebensart, die sie »himmlisch« nannten? Natürlich darf man der sehr konkret und menschlich ansetzenden Suche von heute nicht die Redeweise von damals entgegensetzen oder auch die Absonderlichkeiten von Heiligen, die in der Beschauung mit Feuerflügeln ans jenseitige Ufer fortgerissen werden und denen man anderseits ihren Gott verjagen kann, wenn man nur ihre Zelle betritt[171]. Der »allzu fertige Hochglanz« (Bloch) geht offensichtlich zusammen mit einer weltlosen Versunkenheit. Das eine wie das andere trifft aber nicht die Grundstimmung, die das Leben der frühen Mönche tatsächlich durchzieht. Das war glanzlos und schlicht, ein mühsames Menschenleben. Die alten Schriften bringen anschauliche Beispiele dafür, mit welcher Skepsis die außergewöhnlichen Dinge aufgenommen wurden: Visionen, fromme Sensationen, »himmlische« Boten und Zeichen. Das konnte es alles geben, niemand zweifelte daran, bei Gott ist ja nichts unmöglich. Aber es fiel kaum ins Gewicht. Was zählte, war der Erweis der Gnade, des Geistes in den Niederungen, nicht die unmittelbare Schau von ewigen, überirdischen Gipfeln, die normalerweise Menschen hienieden entzogen bleiben. Man fand den Widerschein des »Anderen« eher in den Zügen der »Trauernden«, die mit ihrer Sünde zusammenlebten und täglich versuchten, »nicht an Gottes Barmherzigkeit zu verzweifeln«[172]. Wenn ein Paul Schütz bekennt, daß er darum noch Christ sei, weil ihm hie und da ein Schimmer aus einer anderen Welt zukam, nicht »als Heiligkeit, sondern durch die Unheiligkeit wie durch Risse hindurch«, und gerade »in den zerklüfteten Zügen zweifelnd-verzweifelt Lebender«[173], dann spürt man, wie nahe bisweilen sich das Damals und das Heute kommen. Schließlich ist es hier wie dort das Betroffensein von jenseits des Menschen, sozusagen trotz des Menschen, was Transzendenz vermittelt, einen Reflex des Nichtirdischen, was schließlich »anders« macht. »Nicht ich, sondern die Gnade Gottes in mir«, benennen es die Mönche mit dem Apostel[174]. Und sie wissen, daß man nur darauf warten kann. Der Mensch kann es nicht machen, nicht durch einen Willensakt, nicht durch noch so bemühte moralische Besserung. Wenn aber einer gewartet hat, lange und in jener Haltung der Angewiesenheit, die bei den Alten »Demut« hieß[175], dann kann es auch das Wunder geben, von dem ein Meister Eckhart, Augustinus zitierend, stammelt: »Ich werde etwas in mir gewahr, das meiner Seele vorspielt und vorleuchtet; würde das zur Vollendung und Stetigkeit in mir gebracht, das müßte das ewige Leben sein«[176]. Das müßte es sein – aber wer kann es mit Sicherheit sagen? Es ist unsagbar geheimnisvoll. Man weiß von

ihm eigentlich nur, daß es gerade so, als Geheimnis, als Abgrund, den Menschen anzieht, heute wie einst. Vielleicht ist es nur so, daß heute vor allem die Angst den Ton angibt, es könnte nichts, das Nichts, dahinter sein, während die frühen Mönche in all ihrem Nichtwissen leuchteten von dem, was in ihnen vorleuchtete, im ahnenden, hoffenden Nach-vorn-Ausgreifen, das für sie bereits Seligkeit war.
Der Ansatz im Banal-Alltäglichen galt gleichwohl für sie genauso. Womöglich noch radikaler als für uns. Ganz sicher redeten sie nicht so viel davon, sie mieden also die Abstraktion, der wir so leicht verfallen (auch über Praxis-Bezug kann man sehr theoretisch reden). Dafür gibt es Berichte wie diesen: daß ein Bruder 70 Tage lang vergeblich fastete, um den Engel herbeizuzwingen, der ihm eine Schriftstelle erschließen sollte; und daß er, sobald er auch nur die Zellentür aufmachte, um seinen Bruder nebenan zu fragen, sofort die gesuchte Erleuchtung erhielt. Man sieht, wo die Geisterfahrung, das »Himmlische« gesucht wurde: nicht im Außergewöhnlichen, sondern im normalen Aufeinander-Angewiesensein. Man traute dem Geist im anderen und ging damit den Weg der sichersten Selbstüberschreitung. Der Frage an den Bruder wird der Vorrang gegeben vor allem Warten auf unmittelbare Erleuchtung, auf den Engel »von oben«. Das ist Überschritt und Ekstase, aber eine Ekstase der Demut, des schlicht Glaubenden. So geht es auch zu, wenn prophetisch aufgedeckt wird, was im Vordergründigen als ewiges Gewebe normalerweise verdeckt bleibt. Der Mensch kann das nur, wenn er schlicht das Vordergründige in den Blick nimmt und dabei dem Geist Raum gibt. Dann und in dem Maß, wie er das tut, wird ihm die andere Wirklichkeit zugänglich. Man weiß, welche Bedeutung das hatte für die gegenseitige Hilfe[177]. Und es gilt auch und mit Vorzug dann, wenn einer sich betend hinhält in Gottes Schweigen hinein, dem er die Antwort zutraut und zugleich völlig überläßt. Dort, heißt es bei Evagrius, »stellen sich die Engel auf neben dir wie bei Daniel, und so wird dir die Tiefe der Dinge und Wesen aufgehellt«[178].

Entlastete Aktion

Zum Ansatz im Konkreten gehört auch das Verhältnis zur Arbeit, ihre Rückbeeinflussung durch das, was die Mönche »himmlisch« nennen. Ergriffenheit vom Letzten, wo sie echt ist, muß ja notwendig zurückströmen in die Gegenwart, zur Situation des Heute, zur Aktion in diesem Heute. Die Geschichte der Mönche zeigt das. Sie ist ein einziges Zeugnis dafür, und dieses Zeugnis könnte heute von besonderer Bedeutung sein. Das Gottverlangen, das Gespanntsein auf das Letzte hat die Wirkkraft nicht nur der Klöster, sondern der ganzen Kirche gesteigert und befruchtet. Vom Schaffen der mittelalterlichen Mönche bleibt der abendländische Mensch geprägt. Noch wichtiger als die faktische Leistung ist aber gerade für uns die humanisierende Kraft dieser »himmlischen« Blickrichtung. Daß Menschenarbeit nicht alles ist, daß sie nicht auf sich steht, daß sie ihren eigentlich menschlichen Saft und Wert verliert, wenn das vergessen wird, können noch eindeutiger als die Mönche von Cluny die Wüstenväter sagen. Nicht ihre Lösung steht zur Rede: der Rückweg in die Kulturlosigkeit ist uns verschlossen. Aber heute wie immer gibt es nur *eine* richtige Größenordnung. Man muß sie kennen, sonst gerät alles heillos durcheinander. Und da hätten diese Fellachen und Korbflechter wohl etwas zu verdeutlichen. Sie wußten, daß der Mensch arbeiten muß. Sie taten es nicht nur, um essen zu können; sie blieben auf diese Weise gesund und gaben außerdem vom Erlös den Kranken und Armen mit. Aber das Entscheidende ist, daß sie immer wußten: Arbeit ist nicht das ganze Leben. Es gibt Gründe, das angefangene Seil aus der Hand zu legen. Etwa um einen Bruder zu suchen, der in Bedrängnis ist. Um einen Toten zu begraben. Um Mensch mit Menschen zu sein: im geistigen Austausch, im Spiel mit dem Rebhuhn, in der Gleichnishandlung, diesem nutzlosen, aber doppelbödig das Unsichtbare ansichtig machenden Tun, von dem die Vätersprüche oft erzählen[179]. Und ganz sicher wußten sie, daß man das eigene Werken lassen muß, um »dabeizustehen«

beim Göttlichen Werk: beim Psalmengesang, bei der gemeinsamen Rühmung des Schöpfers und seiner Gnadenerweise[180]. Was dort aber sozusagen bei Nacht zu sehen ist, vollzieht sich überall, wo ein Mensch die stumpfe Alltäglichkeit, Arbeit als Selbstzweck, Aktionsbesessenheit hinter sich läßt. Daß das nicht Verstiegenheit ist, sondern, recht besehen, nur im Sich-brauchen-Lassen und Sich-Verbrauchen geschieht, gehört zur richtigen Größenordnung. Allem Anschein nach kannten die Mönche damals sie besser als wir.

»In der Freude des Geistes« (RB 48)

Daß der Geist mittelbar wirkt, daß die »himmlische« Lebensweise der Mönche Dienst ist, der das Konkrete und auch das Banale nicht überspringt, sondern es aufbricht und mit Sinn füllt, derartige Sichtweisen mögen Zugang erschließen zu dieser merkwürdigen Welt. Aufrüttelnd müßte es aber anmuten, wie genau eine gar nicht so verschwiegene Sehnsucht des heutigen Menschen getroffen wird von der Festlichkeit, die zum Mönchsleben gehört: im liturgischen Gottesdienst ebenso wie in der »Feier des einfachen Schaublicks« (Pieper), der Kontemplation.
Der Ruf nach dem Fest, nach der Freude, nach der »Stadt, in der ein fröhliches Hochzeitsfest im Gang ist, wo Lachen aufklingt, der Tanz gerade eingesetzt hat und die besten Weine noch aufgetischt werden«[181], bricht heute elementar auf. Illusion wäre es jedoch, das Fest zu wollen ohne Raum für Gottes Transzendenz. Das heißt aber, daß sein Kommen in Rechnung gesetzt wird und man sich nicht taumelig trinkt an den noch so guten Weinsorten dieser Zeit. Deren Wandlung in den ewigen Trank steht noch aus. Sie kann immerhin feiernd vorweggenommen werden. Ohne diese Erwartung und Vorwegnahme bleibt Festlichkeit leere Hülse, eine flüchtige Unterbrechung des Trauerspiels einer sinnlosen Geschichte. Das Fest der Mönche lebte seit je von dieser Erwartung. Es lebte von dem, der da kommt, und das im präzis neutestamentlichen Sinn. In ihrem

Feiern verkünden sie, daß ohne den überwundenen Tod keine Freude zu haben ist, daß wir aber, obgleich auf den Tod zueilend, schon einen Vorgeschmack des unvergänglichen Festes haben, wenn und weil uns die »selige Hoffnung« aufgeleuchtet ist, die Christus heißt. Wenn die altsyrische Überlieferung sprachlich und inhaltlich die Mönche mit den Aufrechtstehenden, den immer wachen Engeln in Verbindung brachte, wies sie hin auf diese neuartige Festlichkeit. Das Österlich-Enthusiastische gehört zum Unaufgebbaren des christlichen Mönchtums. Erst so begreift man ganz seine »himmlische« Dimension.
Aber es gehört auch noch das andere dazu: das Glücklichsein, das aus der göttlichen Stillung kommt. Man hat diese beglückende Stillung oft Kontemplation genannt. Die Alten kannten das Wort so nicht. Aber sie wußten, daß der Mensch nicht glücklich sein kann, ohne daß in ihm – von jenseits des Menschlichen her – der Geist da ist und sich zu erfahren gibt. In dieser Geisterfahrung konnten sie alle und alles segnen, bejahen, lieben. In ihr wurden sie Gottes ansichtig in der Tiefe der Dinge, der Geschehnisse und Menschen, im Rätselhaften und noch im Absurden. Das ist die stille »Feier des einfachen Schaublicks«. In ihm hat nicht nur der Akt der himmlischen Schau eine hiesige Vorform, in ihm ist auch sein Gegenstand schon da. Denn Gott ist anwesend in seiner Welt; zugleich ist er Person, die naht. Beides, Anwesen wie Nahen, kann der Mensch im Geist, in der Gnade innewerden. Und das gerade nicht nur in der mystischen Versenkung, sondern überall; wenn er sich nur anrufen läßt, sich begegnungswillig auf das Wirkliche einläßt. Dann durchströmt es ihn vom Grund des Wirklichen her, der alles, was ist, durchströmt. Und in einem Ergriffenwerden, in dem Gott wirklich vor Augen kommt, geht die Mühe unter.
Dann und so, in diesem ganz ruhigen Ansichtigwerden, mag es auch nur einen Augenblick lang dauern, wird der Mensch »Friede und Freude« (vgl. Gal 5, 22). Er steht da als Partner des Unaussprechlichen, ein Liebender und Lobender. Und er wird eins mit sich und allen, weil er seinen

Gott gefunden hat. Vollendung beginnt, sobald einer so »zu Grunde« gegangen ist.
Wie das den Menschen zeichnet, wie es ihn – vielleicht erst im Hinübergehen – mit einem nicht-irdischen Licht verklärt, das gehört zum Geheimnis der Gnade. Es muß nicht offenbar werden. Aber es ist machtvoll verbunden mit der ganzen irdischen Wirklichkeit, untrennbar und doch unverwechselbar. Was die Mönche glücklich machte, war das Wissen darum, daß im Stoff des Menschlichen mit seinen sehr realen Spannungen die Besitzergreifung geschieht, die nach der Bibel Heiligung heißt und Reich Gottes. Indem sie daran glaubten und es zu bezeugen suchten, war ihnen das Himmlisch-Letzte schon da. Und sie erzählten sich Geschichten wie diese: daß einer der Wüstenväter in seiner letzten Stunde dreimal lachte – weil die anderen so Angst hatten vor dem Sterben; weil sie so schlecht dafür gerüstet waren; und: weil für ihn nun alle Plage ein Ende hatte[182]. Was immer man dazu sagen mag: Da ist Gelächter jedenfalls nicht »der Hoffnung letzte Waffe«. Es klingt eher wie der Anfang des ewigen, des paradiesischen Lachens, für das der Mensch geschaffen ist und mit ihm diese ganze zerrissene Welt.

Anmerkungen

1. Kapitel: *Der betroffene Mensch*

1 Zeitgewissen. Biographische Skizzen, hrsg. v. B. NORDMEYER (1967) 52 f.
2 Vgl. Vita Patrum (PL 73, 901—902).
3 Vgl. Weisung der Väter, Apophthegmata Patrum, auch Gerontikon oder Alphabeticum genannt, übers. u. hrsg. v. B. MILLER (1965). — Die in den ff. Anmerkungen häufig wiederkehrende Abkürzung »Alph« bezieht sich auf diese Sammlung.
4 Alph. EUPROPIOS 7.
5 Im alten Mönchtum nannte man das »vita activa«, Aszese. Vgl. u. a. L. Th. A. LORIÉ, Spiritual Terminology in the Latin Translations of the Vita Antonii (with reference to fourth and fifth century monastic literature), in: Latinitas Christianorum Primaeva, 11 (1955) Index.
6 Vgl. BARSANUPHIUS, Ep. 255, p. 140.
7 Vgl. Regula BENEDICTI, c. 6, 6 (ed. HANSLIK, CSEL 75, 39). — Vgl. Kap. 3: Der hellhörige Mensch.
7a I. HAUSHERR, Penthos. La doctrine de la componction dans l'Orient chrétien (1944) (OCA 132).
8 Reg. BEN, c. 4, 74 (a. a. O. 34).
9 Conl. VI, 12; 19 (CSEL 13, 106 ff; 112 ff).
10 Alph. ANTONIOS 4.
11 JOH. CHRYSOSTOMUS, In ep. ad Phil., hom. 14 (PG 62, 281 B).
12 Grad. VII 1 Tr. 68.
13 Kap. 67 (PG 26, 940).
14 Reg. BEN, Prolog 12 (a. a. O. 3); Ps 34, 12.
15 Alph. JACOB 3.
16 Alph. EUPROPIOS 5.

2. Kapitel: *Der entsagende Mensch*

17 Vgl. De Virginitate IV, 1, ein unter dem Namen »Pseudoklementinische Briefe« bekanntes Sendschreiben aus dem 3. Jh., das auf der Schwelle von der innergemeindlichen zur mönchischen Aszese diesen Begriff vornehmlich zur Kennzeichnung des ehelosen Lebens gebraucht. — Vgl. P. NAGEL, Die Motivierung der Askese in der alten Kirche und der Ursprung des Mönchtums (1966) 41.
18 A. MIRGELER, Mönch und Laie, in: Hochland (1968) 402.

19 Vita 45.

20 K. HEUSSI, Der Ursprung des Mönchtums (1936) 222. — Zum Motiv der aszetischen Nacktheit u. a. J. SUDBRACK, Die geistliche Theologie des Johannes von Kastl, in: Beiträge zur Geschichte des alten Mönchtums und des Benediktinerordens, 27 (1966) I, 318 ff.

21 HEUSSI a. a. O., passim.

22 De Oratione 124.

23 Vgl. u. a. F. WULF, Sind wir »nur Gast auf Erden?«, in: Geist und Leben 43 (1970) 322.

24 Alph. ALONIOS 1.

25 Häufig werden drei Stufen der Entsagung aufgezählt; vgl. u. a. JOHANNES CASSIANUS, Conl. III und IV. — Dazu A. DE VOGUÉ, Monachisme et Eglise dans la Pensée de Cassien, in: Théologie de la Vie monastique (1961), bes. 225—235. — Außerdem besonders EVAGRIUS PONTICUS, vgl. I. HAUSHERR, Les Leçons d'un Contemplatif. Le Traité de l'Oraison d'Evagre le Pontique (1960) 31; 81.

26 HAUSHERR a. a. O. 82. Vgl. auch EVAGRIUS PONT., Pract. I, 10: »Beten kann niemand, der noch an irgendetwas in der Welt hängt.«

27 Zit. b. HAUSHERR a. a. O. 64.

28 Regel v. Taizé.

29 Alph. TITHOE 2; MOSES 18; MAKARIOS 18.

30 Vita des hl. GUTHLAC, Mabillon III, 1, 274 f.

31 F. WULF, Rückkehr in das Paradies. Zur Theologie des geistlichen »Weges«, in: Geistliches Leben in der heutigen Welt (1960) 30 f.

32 Vgl. J. LECLERCQ, Le Monachisme du Moyen Âge, in: Théologie de la Vie Monastique (1961) 443 ff.

33 F. WULF, Die Ostersequenzen des Notker Balbulus, in: Paschatis Sollemnia. Studien zu Osterfeier und Osterfrömmigkeit (1959) 137 f.

34 Reg. BEN, c. 16, 5.

35 GREGOR d. Große, Liber Dialog. II, 35.

3. Kapitel: *Der hellhörige Mensch*

36 Zu »apatheia« und den lateinischen Entsprechungen vgl. LORIÉ a. a. O. (vgl. Anm. 5), 123—126; 111; 113 und die dort angegebene Literatur.

37 Conl. I, 6.

38 Zu »disciplina«, »discipulus« vgl. DSAM III, 1295 ff.

39 Unter diesem Aspekt ist die von G. MANNING gemachte Feststellung nicht ohne Bedeutung, daß der Ausdruck »Schule des Dienstes für den Herrn« (dominici schola servitii) aus der

Regula Magistri stamme und in RB, Prol 45 interpoliert sei. Benedikts Regel ist viel mehr auf das Ganze des Lebens ausgerichtet als auf magistrale Belehrung und Ausbildung. Vgl. Collectanea Cisterciensia 32 (1970) 2, 305.

40 Reg. BEN, Prolog 1.

41 Reg. BEN, c. 7, 55; c. 58, 10.

42 Reg. BEN, c. 58, 8; zu »rhema«, »logion«, »Wort« vgl. u. a. Weisung (MILLER, vgl. Anm. 3) 457.

43 PAULINUS v. *Nola*, Ep. 5, 6. — Vgl. auch Vita S. MARTINI 2, 8, wo von dem noch nicht getauften Martinus, also dem Katechumenen, ebenfalls gesagt wird, er sei »evangelii non surdus auditor«. — Das Motiv der biblischen Taubheit ist das Gegenmotiv zur mönchisch-christlichen Hellhörigkeit.

44 Ps 1, 1; vgl. Reg. S. BASILII (RUFINUS: PL 103, 487 ff.).

45 ISIDOR v. *Sevilla*, Sent. 3, 8. Der ganze Abschnitt: »Wer immer mit Gott vereinigt sein will, muß oft beten und oft lesen (Lectio halten). Denn wenn wir beten, reden wir zu Gott, wenn wir aber Lectio halten, ist es Gott, der zu uns redet.« — Vgl. Coll. Cist. 32 (1970) 3. Das ganze Heft handelt über die lectio divina.

46 Reg. BEN., c. 5, 2.

47 ADAM v. *Perseigne;* PETRUS v. *Celle;* vgl. DSAM III, 1299.

48 Alph. LUKIOS 75.

49 Ps 67; Vgl. Reg. BEN, c. 7, 40.

50 Reg. BEN, c. 7, 50.

51 Vita S. MARTINI 6, 1. — In der Vita geht das unheimliche Gespräch so weiter: Satan sagt: »Wohin du auch gehst, was immer du unternimmst, du wirst den Widersacher gegen dich am Werk sehen.« Martinus antwortet darauf mit dem österlichen Psalm 118: »Der Herr ist für mich, ich habe keine Angst — was kann der Mann mir tun.« Darauf verschwindet der Böse. Das entspricht der Taktik Christi bei seiner Versuchung in der Wüste. Zugleich zeigt sich auch hier, wie die frühen Mönche die Schrift kannten und zur Hand hatten. Vgl. dazu und speziell zu diesem Psalmvers: SULPICE SÉVÈRE, Vie de Saint Martin, éd. FONTAINE, Sources Chrétiennes (1967) 133; 576 ff.

52 Zum ganzen Zusammenhang vgl. J. LECLERCQ, Wissenschaft und Gottverlangen. Zur Mönchstheologie des Mittelalters (1963), bes. 224—259.

53 Vgl. außer den Handbüchern vor allem H. RAHNER, Werdet kundige Geldwechsler. Zur Geschichte der Lehre des hl. Ignatius von der Unterscheidung der Geister, in: Ignatius, seine geistliche Gestalt und sein Vermächtnis (1956), bes. 329—340. H. BACHT, Die frühmonastischen Grundlagen ignatianischer Frömmigkeit. Zu einigen Grundbegriffen der Exerzitien, a. a.

O. 225—261, bes. 246—254. — I. HAUSHERR, Direction spirituelle en Orient Autrefois, in: Orientalia Christiana Analecta 144 (1955). — Zur Lehre der Vita Antonii über die Geisterunterscheidung vgl. LORIÉ a. a. O. 116 ff.

54 Didache XI, 9.

55 Philokalia 500, col 2.

56 Alph. POIMEN 106.

57 Reg. BEN, c. 3, 3.

4. Kapitel: *Der angefochtene Mensch*

58 M. FRISCH, Stiller. Roman, Fischer Bücherei (1965), 322.

59 a. a. O.

60 Vita S. ANTONII 9.

61 Dieu n'est pas un Problème, in: Collectanea Cisterciensia 31 (1969) 1, 21.

62 Vgl. J. LECLERCQ, Monachisme et Pérégrination, in: Aux Sources de la Spiritualité Occidentale (1963) 35 ff., bes. 44 ff.

63 Alph. THEODOR 2.

64 P. EVDOKIMOV. Gotterleben und Atheismus (1967) 126 f.

65 La Pauvre Femme (1950) 79.

66 Sentenzen 50.

67 G. SWITEK, Wüstenväter und Dämonen. Ein Beitrag zur Geschichte des »Geistlichen Kampfes«, in: Geist und Leben 37 (1964) 340—358.

68 EVDOKIMOV a. a. O. 127 ff.

69 G. EBELING, Das Wesen des christlichen Glaubens (1959) 201.

70 Zit. nach U. RANKE-HEINEMANN, Das frühe Mönchtum. Seine Motive nach den Selbstzeugnissen (1964) 59.

71 Vgl. Kap. V: Der unverdrossene Mensch, S. 84 ff.

72 Vgl. u. a. H. BACHT a. a. O. (s. Anm. 53) 243. — Außerdem G. SWITEK a. a. O.

73 Alph. ARSENIOS 11.

74 Vgl. Kap. III: Der hellhörige Mensch, S. 61 f.

74a Alph. THEODOR (Weisung s. Anm. 3)

75 Auch »athletes« hat diese Bedeutung und bezeichnet wie »asketes« den Übungscharakter des christlichen Lebens, speziell des Mönchtums, der Beharrlichkeit und sogar eine feste Lebensweise einschließt; vgl. F. WULF, Aszese, in: Handb. Theol. Grundbegriffe (FRIES) I, 112.

76 Vita 4, 5.

77 Vita S. ANTONII 47.

78 Im Gegensatz zum Antonius-Bild der Apophthegmata. Vgl. hierzu und zum ganzen Zusammenhang H. DÖRRIES, Wort und Stunde, Gesammelte Studien zur Kirchengeschichte des 4. Jh. (1966) 163 ff.

79 Vita 10.

79a Alph. ARSENIOS 11.

80 Vgl. LORIÉ a. a. O. — Alph. POIMEN 13. — MECHTILD v. Magdeburg greift ein altes Agraphon auf, das bereits in der Didaskalie II, 8, bei TERTULLIAN, De bapt. 20 und bei JOH. CASSIAN, Conl. IX, 23 auftaucht. Vgl. Außerbiblische Worte Jesu, hsg. E. L. DIETRICH (1950) 28.

81 Reg. BEN, c. 7, 35.

82 Les Apophthegmes des Pères du Désert 419; zit. b. A. LOUF, La Parole au-delà de la Liturgie, in: Coll. Cist. 31 (1969) 3, 183, Anm. 36.

83 c. 7, 38.

84 Reg. Ben, c. 4, 74.

85 Zit. b. A. LOUF, L'Humilité. Unveröffentl. Manuskript. Die Schrift des Makarius, wahrscheinlich eines ägypt. Makarius vor Evagrius Pontikus, ist nur in einer alten lateinischen Übersetzung, außerdem syrisch und in einigen koptischen Bruchstücken erhalten.

86 S. KIERKEGAARD, Gebete (1952) 107.

5. Kapitel: *Der unverdrossene Mensch*

87 GREGOR der Große, Dial. II, 6.

88 Über die Hoffnung (1949) 64.

89 F. EBNER, Fragmente, Aufsätze, Aphorismen (Schriften I [1963] 240).

90 ... »adhaereamus ergo, filii, studio deifico et non acediemur«: c. 19.

91 So nach LORIÉ a. a. O., 127.

92 PS.-NILUS, vit. opp. virt. (PG 79, 1140).

93 Inst. 10, 1. — Vgl. weitere Zitate bei LORIÉ a. a. O., 127 f; außerdem bei F. WULF, Der »Mittagsdämon« oder die Krise der Lebensmitte, in: Geist und Leben 38 (1965) 241 f.

94 Vgl. u. a. WULF a. a. O.

95 Alph. IOH. COLOBOS 37 und MACARIUS M., ep. II (BKV 10, Briefe S. 18).

96 Vgl. LORIÉ a. a. O. 91 zur Geschichte des Wortes »labor«, Mühe, was stets auch Arbeitsmühe hieß, speziell Handarbeit. Das gilt besonders von der Benediktusregel. Aber schon in den pachomianischen Klöstern gab es ein ausgesprochenes Arbeitsethos; vgl. dazu u. a. H. BACHT, Die »Bürde der Welt«. Erwägungen zum frühmonastischen Armutsideal, in: Strukturen christlicher Existenz (1968), bes. 304 ff.

97 Ep. fil. 27.

98 Reg. BEN 58, 8; so sagte man es den Novizen.

99 s. Anm. 2.

100 Vgl. u. a. In Cant. cant., hom. IV (PG 44, 852).

101 Reg. BEN, Prol 11 und MACARIUS M., Ep. fil. 9. — Vgl. zu »instantia«, »sustinentia«, »stabilitas« u. a. LORIÉ a. a. O., bes. 77 und 90 f.

102 Reg. BEN 4, 56.

103 Reg. BEN 19, 7: »So sollen wir beim Psalmengesang stehen, daß unser Herz in Einklang ist mit unserem Wort« (ut mens nostra concordet voci nostrae); Reg. BEN 20, 3: »Und wir sollen wissen, daß wir nicht durch viele Worte, sondern in der Reinheit des Herzens ... Erhörung finden«.

104 Conl. X, 10.

6. Kapitel: *Der freundschaftliche Mensch*

105 R. VOILLAUME, Zeugnis für Christus in Armut (dt. Übers. 1964) 71.

106 Ep. 165.

107 Vgl. hierzu und zum Folgenden Heft 1 der Coll. Cist. 1967, das ganz AELRED v. *Rival* gewidmet ist.

108 Die Zitate unter dem Namen Aelreds stammen alle aus seiner berühmten Schrift »De amicitia spiritali« (»Von der geistlichen Freundschaft«).

109 Vgl. I. HAUSHERR, Le Moine et l'Amitié, in: Études de Spiritualité Orientale (1969) 345. — Der ganze Aufsatz beleuchtet das Problem und seine Lösung im östlichen Mönchtum.

110 Vgl. W. VON DEN STEINEN, Notker der Dichter und seine geistige Welt. Darstellungsband (1948) 58 ff.

111 IOH. CASSIANUS, Conl. XVI, 14.

112 Vgl. hierzu u. z. Folgenden E. DES ALLUES, Das Buch von Toumliline. Benediktiner im Herzen des Islam (1963).

113 Brief des Priors D. Martin aus New York am 7. April 1957; vgl. DES ALLUES a. a. O., 77.

7. Kapitel: *Der einfältige Mensch*

114 Ep. 53, 3; vgl. J. LECLERCQ, Wissenschaft und Gottverlangen (1963) 231 f.

115 Ebd.

116 Zit. b. H. BACHT, Einfalt — eine vergessene Tugend? in: Weltnähe und Weltdistanz (1961) 182.

117 Zit. b. H. RAHNER, Der spielende Mensch (1952) 57.

118 Moralia, lib. 12, c. 39, n. 44.

119 Ep. ad fr. de Monte Dei I, 13.

120 De sancta simplicitate (PL 145, 703).

121 Vgl. H. BACHT, Art. Einfalt, in RAC 4, 840.

122 H. BACHT a. a. O.

123 Vita S. ANTONII 2.

124 Vgl. J. LECLERCQ, Le Monachisme du Haut Moyen Âge, in: Théologie de la Vie monastique (1961) 441.
125 SULPICIUS SEVERUS, Vita S. Martini 14; vgl. Festoffizium am 11. November.
126 TH. MERTON, From Pilgrimage to Crusade, in: Mystics and Zen Masters (1966) 96.
127 Test. ISSACHAR 4, 2. 3; vgl. J. AMSTUTZ, Haplotes. Eine begriffsgeschichtliche Untersuchung zum jüdisch-christlichen Griechisch, in: Theophaneia, Beiträge z. Rel. und Kirchengeschichte des Altertums, 19 (1968) 79.
128 Vgl. AMSTUTZ a. a. O.; die Arbeit bot viel Anregung und Quellenmaterial zum Thema.
129 Hist. Eccl. VI, 3, 526—28.
130 Reg. BEN 4, 62 und Alph. THEODOR 9.
131 Prol und c. 6. — Zur Zwei-Wege-Lehre im jüdisch-christlichen Schrifttum, vgl. AMSTUTZ a. a. O.
132 Vgl. 2 Kor 9, 11a; AMSTUTZ a. a. O. 107.
133 Alph. NISTEROOS 4 und ARSENIOS 20.
134 Vgl. u. a. Reg. BEN 5, 17 f.
135 Frgm. Targum Gen 22, 14; zit. b. AMSTUTZ a. a. O. 86, Anm. 136.
136 Vgl. Reg. BEN 68. Wenn das Aufgetragene die eigenen Kräfte übersteigt und trotz Einspruchs getan werden soll, heißt die Lösung: der Jüngere soll gehorchen »aus Liebe und im Vertrauen auf die Hilfe Gottes«, weil es »so für ihn gut« ist.
137 Ep. II (BKV Briefe 10, 380).
138 a. a. O. 373.
139 s. Anm. 119.
140 Vita S. MARTINI a. a. O. 27.
141 Vgl. P. L. BERGER, Die gefährliche Vision, zit. b. H. COX, Das Fest der Narren (1970) 194.
142 Berichtet in: Coll. Cist. 31 (1969) 1, 10 f.
143 Ep. 87, 12.
144 Alph. OR 14.
145 Alph. ANTONIOS 25.
146 Vgl. Weisung (s. Anm. 3) 366 ff.
147 a. a. O. 92 ff.

8. Kapitel: *Der himmlische Mensch*

148 Atheismus im Christentum (1968) 36.
149 Alph. TITHOE 1.
150 Vgl. LORIÉ a. a. O. (s. Anm. 5) 84 f. — Vgl. auch SULPICE SÉVÈRE, Vie de Saint Martin (s. Anm. 51) a. a. O., III, 1106, Anm. 1.

151 LORIÉ a. a. O.; FONTAINE a. a. O., 1105.
152 44.
153 Vita 14; vgl. LORIÉ a. a. O.
154 LORIÉ a. a. O. 93 f.; Reg. BEN 5, 3.
155 Carm. 10, 33.
156 Vgl. vor allem I. HAUSHERR, Opus Dei, in: Études de Spiritualité Orientale (OCA 183) (1969) 121—144; dazu LORIÉ a. a. O., bes. 92 zur Bedeutungsgeschichte, die in drei Etappen verläuft: a) Opus Dei als allg. christl. Glaubensleben; b) das Mönchsleben als ganzes; c) das Göttliche Offizium.
157 SYMEON v. *Mesopotamien*, zit. b. DÖRRIES a. a. O. (vgl. Anm. 78) I, 400.
158 Vita S. ANTONII 75; vgl. SULPICIUS SEVERUS, Dial. II, 10. — Zum Motivkreis vgl. Kap. 7: Der einfältige Mensch.
159 »plerophoria« nannten das die Alten: Gewißheit aus dem Erfülltsein; vgl. etwa EVAGRIUS PONTICUS, Or. 80; dazu HAUSHERR, Leçons a. a. O. (s. Anm. 25) 112.
160 »cooperarius«; vgl. Vita 19. — Dem entspricht (im Sprachgebrauch etwa der Reg. BEN) die Bezeichnung »operarius«, »Arbeiter« für den Mönch; vgl. Reg. BEN 7, 70; Prol 14 u. a.
161 Vgl. Anm. 90 und 91; zur Einheit von Aszese und Mystik (= vita activa und contemplativa); F. WULF, Art. Mystik in: Handbuch Theol. Grundbegriffe (FRIES) II, 190.
162 Alph. ANTONIOS 24.
163 H. RAHNER, Eutrapelie. Eine vergessene Tugend, in: Geist und Leben 27 (1954) 352. Dort auch Zitat der Paphnutius-Geschichte; vgl. PL 73, 1170.
164 »velut naturaliter« Reg. BEN 7, 68.
165 »Er sah aus wie ein Engel«, heißt dann, im Anschluß an Apg. 21,15, die beliebte Metapher; vgl. u. a. RUFINUS, Hist. mon. 6 (PL 21, 409 D).
166 Vita 14.
167 In: Stirb nicht im Warteraum der Zukunft (1966).
168 Vgl. den Bericht von F. WULF, Lassen die Kirchen noch die eschatologische Freude der Christenheit erkennen? in: Concilium 9 (1968) 50 ff.
169 In seinem Interview mit H. GUMNIOR, Die Sehnsucht nach dem ganz Anderen (1970) 67.
170 Vgl. P. L. BERGER, Auf den Spuren der Engel. Die moderne Gesellschaft und die Wiederentdeckung der Transzendenz (1970) 133. — Vgl. die Besprechung v. J. SUDBRACK in: Geist und Leben 43 (1970) 374 f.
171 Alph. IOHANNES 14 und 32.
172 Reg. BEN 4, 74. — Vgl. zur heilsamen Trauer Kap. 1: Der betroffene Mensch, S. 22 ff.
173 P. SCHÜTZ, Warum ich noch ein Christ bin (1970) 83; 82.

174 1 Kor 15, 18; vgl. Vita ANTONII 5.

175 Vgl. hierzu J. SUDBRACK, Motive-Modelle für ein Leben als Christ (1970), bes. 106 ff.

176 Daß dieses Wort von einem so leidenschaftlichen Verfechter des »puren Menschengeheimnisses« wie E. BLOCH zitiert wird (a. a. O. 327), entscheidet nichts über die Frage, ob das, was da vorspielt und vorleuchtet, nicht doch Zeichen des Absoluten ist, also nicht das »Vorfabrizierte der allzu Frommen«, sondern Anbruch, Einbruch des anderen Lebens, wie die christlichen Mönche es glauben.

177 Vgl. Kap. 3: Der hellhörige Mensch, S. 62.

178 Or. 80. — Zu Ekstase als ausdrücklich mystischem Phänomen im Mönchtum vgl. bes. LORIÉ a. a. O. 136 ff.; 152 ff.

179 Um nur einige Beispiele zu nennen, vgl. Alph. IOHANNES 18; MOSES 3; AMMONAS 6.

180 Vgl. Reg. BEN 19, 2: »cum ad opus dei adsistimus«. Zu Opus Dei vgl. Anm. 156.

181 H. COX, Das Fest der Narren (1970) 209.

182 F. NAU, Histoires des Solitaires Egyptiens 23 (Rev. Or Chr XIV (1909) Nr. 279; zit. b. S. FELDHOHN, Siehe, da bin ich. Das Zeugnis heiliger Väter und Mönche von der letzten Stunde (1964) 94.